股龙：

强势股票操作法

杨波 著

图书在版编目（CIP）数据

股龙：强势股票操作法 / 杨波著. —太原：山西
人民出版社，2024.9. —ISBN 978-7-203-13476-3

Ⅰ.①F830.91

中国国家版本馆 CIP 数据核字第 2024NW1567 号

股龙：强势股票操作法
GULONG: QIANGSHI GUPIAO CAOZUOFA

著　　者：杨　波
责任编辑：孙宇欣
复　　审：魏美荣
终　　审：贺　权
装帧设计：卜翠红

出 版 者：山西出版传媒集团·山西人民出版社
地　　址：太原市建设南路 21 号
邮　　编：030012
发行营销：0351-4922220　4955996　4956039　4922127（传真）
天猫官网：https://sxrmcbs.tmall.com　电话：0351-4922159
E-mail：sxskcb@163.com　发行部
　　　　　sxskcb@126.com　总编室
网　　址：www.sxskcb.com

经 销 者：山西出版传媒集团·山西人民出版社
承 印 厂：廊坊市祥丰印刷有限公司

开　　本：710mm×1000mm　1/16
印　　张：14
字　　数：260 千字
版　　次：2024 年 9 月　第 1 版
印　　次：2024 年 9 月　第 1 次印刷
书　　号：ISBN 978-7-203-13476-3
定　　价：98.00 元

如有印装质量问题请与本社联系调换

推荐序

　　历经股海风雨三十余载，深知其中的艰辛与复杂，也见证了太多的兴衰起伏。当听闻杨波这本《股龙》即将出版，我心中不禁涌起诸多感慨。

　　股市，从来都不是一个简单的逐利之地，它是人性的试炼场，是智慧与勇气的交锋之所。本书作者杨波创造性地提出认识市场、认识主力、认识自我相结合的"三认"理念，实乃务实灼见。

　　回想我自己的投资生涯，不禁慨叹：若未能洞察市场的运行规律，又怎能在风云变幻中觅得生机？若不能识破各博弈方的种种手段，又如何避免成为他人的猎物？若不深刻认识自我，明晰自身的优势与弱点，哪怕有再多的选择摆在眼前，也难以把握住机会。

　　在这充满诱惑与陷阱的股市中，要做到"三认"，修身养性至关重要。人性的弱点，如贪婪、恐惧、盲目跟风等，往往是我们投资路上的绊脚石。只有克服了这些弱点，做到知行合一，方能在股市中行稳致远。这并非易事，但却是通向成功的必由之路。

　　作者杨波在书中为读者构建了全面的技术分析框架，并阐述如何将其应用于交易实盘的操作，所以这本书的理论性和实操性结合得很巧妙。对于初涉股市的投资新手或有一定经验的交易者而言，本书都能提供一些新的思路、新的启发，并着重于应用，让大家结合自身的基础与实力，更上一层楼。

愿此书能如一把利剑，助各位投资者在股市的江湖中披荆斩棘，斩获属于自己的辉煌！

花荣

（第一代职业操盘手、《操盘手》三部曲作者）

2024 年 7 月 2 日

股海杨波　十年一剑

我与杨波老师相识近 20 年，前面 10 年同袍比肩，最近 10 年分道登山。虽然久未谋面，但圈子就这么大，深知彼此一直在钻研交易，一直走在投资者教育的前沿。忽闻杨波老师新书即将出版，甚感欣慰，又被邀请为新书作序，荣幸之至。

新中国股市历经 30 余年，上市股票数量由最初的老八股，到现在已经发展到 5000 多只，股民的数量远超过 2 亿人，但终究难以摆脱 "721" 的命运，即七成投资者亏损、两成平手、一成投资者赚钱的事实。究其原因，纵有市场制度不完善等诸多问题存在，更关键是投机氛围（从上市公司到普通股民），以及投资理念没有根本改变。

20 多年来我所接触的股民，基本上都是冲着钱能生钱来的，说得更直白一点就是冲着暴利而来的，以为股市就是提款机，他们多数人持投机的态度，没有多少人是真正的 "投资者"。正因为如此，很少有人是奔着长期持有一只股票、分享其成长红利而来的，只是想抓住机会低买高卖，博取价差的利润，每天都在做 "投机倒把" 的事，还总希望金蛋能砸中自己。

其实，投机并没有什么不好，股票大作手传奇人物利弗莫尔就是投机大师，我在自己第一本书《技术分析精解与实战操作》中就提到：对于小资金的散户来说，投机才能快速积累财富。普通投资者一年很难翻一倍，而且绝对不可能每年都能赚到成倍的利润，但是投机可以，或者说做短线是完全可以实现的，这已经被无数游资大佬证明过了。

所以，入市定位很重要，你一定先要明白自己是个投资者，还是一名投机客。投资者需要资金量足够大、耐心足够强，并且有专业的行业分析、财务分析能力，当然也少不了亲自去上市公司调研的时间，这样就可以学习巴菲特的策略，选对几只股票长期持有。相反，如果你的资金量比较小，又没有那么强的耐心，同时也没有那么多时间去调研（当然小散户去调研，人家也未必理你），那你最好学习技术，从短线做起，或者把握好波段交易的利润。

杨波老师这本书，主要是从散户的角度来看问题、学投资的。小散户、小资金怎么做好股票？首先，要明白一个道理，那就是看大势赚大钱，跟着趋势走。其次，要正确判断指数的涨跌，了解市场的系统风险有多大，选择自己最大亏损的承受能力。再次，了解怎么能够抱住机构的大腿，在选股上抓住强庄股的核心要点。最后，根据自己的习惯、资金量、时间充裕性、心理承受力，打造出最适合自己的交易系统。

杨波老师的《股龙》真是十年磨一剑的结晶，提出很多有创见的新观念。全书脉络清晰，逻辑紧密，内容精彩又具有实操性，读之定会受益。

师傅领进门，修行在个人。见仁见智，是为序。

祖良（布衣聊股）

（《技术分析精解与实战操作》《精确交易》作者）

2024 年 7 月 9 日

揭示顺势而为的奥秘

张帆

在纷繁复杂、波澜起伏的金融市场中，股市犹如神秘而诱人的海洋，吸引着无数投资者，怀揣梦想与期望投身其中。然而，这片汪洋大海并非风平浪静，越到大海深处，其汹涌的波涛和变幻莫测的环境，越让许多人在追逐财富的道路上迷失方向，甚至葬身其中。

当我们踏入股市的那一刻，就仿佛置身于一场没有硝烟的战争。市场中的趋势，犹如战争中的战局变化，瞬息万变，难以捉摸。在这场战争中，我们不能凭借一己之力去改变整个战局，而应敏锐地洞察局势，在自己熟悉的领域内顺势而为。

顺势而为，简简单单的四个字，蕴含着股票投资领域的至理真谛。它并非一句空洞的口号，而是在无数次市场起伏中被验证的生存智慧。

顺势而为，要求我们摒弃固执和偏见，以开放的心态去接受市场传递的信号。它不是盲目跟风，而是基于对宏观经济环境、行业发展态势以及企业基本面的深入研究，做出明智的抉择。当上升趋势来临时，我们要有勇气乘势而上，充分把握机会；而当下跌趋势显现时，我们要及时止损，保存实力，等待下一个春天的到来。

然而，真正做到顺势而为并非易事。人性的贪婪与恐惧常常让我们在关键时刻失去理智，做出错误的判断。我们总是期望在最低点买入，在最高点卖出，却往往因为过度追求完美而错失良机。因此，在市场下跌时，我们不甘心割肉离场，抱着侥幸心理苦苦坚守，最终导致损失惨重。

这本书为读者揭示了顺势而为的奥秘。杨波老师为读者提供了一个全面的技术分析框架，手把手教会读者如何将技术分析应用于实盘交易。它将通过丰富的案例分析、易懂的理论探讨以及实用的操作技巧，帮助投资者培养敏锐的市场洞察力和果断的决策能力。让投资者在风起云涌的资本市场中，能够乘风破浪，顺势前行，实现财富的稳健增长。

距离杨波老师上一次出书，已经过去了十多年，经过这些年的沉淀与积累，相比于上一本书《涨停背后》的青涩，这本《股龙》更显得沉稳大气、成熟完善，杨波老师创造性地提出认识市场、认识主力、认识自我相结合，在符合市场运行规律、跟随主力的前提下，选择适合自己的交易方法。同时作者强调在股市中修身养性，克服人性的弱点，做到知行合一。

能为这本书写序推荐，倍感欣慰。希望每一位读者都能从这本书中汲取智慧和力量，在股票投资的道路上越走越稳，越走越远。

愿大家在投资的征程中，一帆风顺，顺势而为，收获满满。

张帆（均线上的舞者）

（《均线 100 分》《暴涨形态》《涨停接力》作者）

2024 年 7 月 8 日

克服弱点，稳步前行

当我翻阅这本即将付梓的《股龙》时，闻着墨香，心中满是欣喜与期待。

在投资领域摸爬滚打多年，我深知"认识市场、认识主力、认识自我""三认"结合理念的重要性。市场如战场，风云变幻，若不能洞悉其规律，怎能在这波谲云诡中立足？主力的动向犹如暗潮涌动，若不敏锐捕捉，又怎能顺势而为？而认识自我，则是关键中的关键，只有清楚自己的风险承受能力、投资目标和性格特点，才能找出真正适合自己的方法。

股市修行，修身养性是每个投资者的必经之路。人性的弱点，诸如贪婪与恐惧，常常让我们在关键时刻失去理智，做出错误的决策。唯有克服这些弱点，逆人性而为，独立决策，做到知行合一，才能在投资的道路上稳步前行。

作者杨波老师在这本书中为大家提供了全面的技术分析框架，这无疑是一份宝贵的财富。对于初涉股市的新手，它是开启投资之门的钥匙，引领大家步入正确的交易轨道；对于有一定经验的投资者，这也是一次深化认知、完善自身交易体系的难得学习机遇。

我从业十余年，见过太多投资者在股市中迷茫、挣扎和无助。我坚信，这本书将成为众多投资者旅程中的得力助手，帮助大家拨开迷雾，走向成功。

序虽短，理而明，实践见功夫！

高尚

（北京江亿资本管理有限公司总经理）

2024 年 7 月 9 日

前　言

　　亲爱的读者朋友，您好！当您翻开这本书的时候，我首先想和您谈的便是股市的信仰。

　　关于股市的信仰，我坚信三大公理：

　　市场行为包容一切；

　　价格以趋势的方式运行；

　　历史会不断重演，但不是简单的重复。

◎ 关于三大公理，我的理解如下：

　　股市本质上是一个买卖股票的市场。买方有买入的理由，卖方有卖出的道理。我相信在每个价格背后，包含了您所知及未知的所有信息。很多朋友认为技术分析无用，究其原因是认为技术指标无用。需要注意的是，技术分析研究的是市场行为，而技术指标只是技术分析的一种表现形式。股价走势决定了技术指标的位置，而非技术指标决定了股价的未来走势。如果简单地把技术指标等同于技术分析，显然是本末倒置了。市场行为包容一切，市场背后是人的行为，这是技术分析研究的基础。

　　在市场行为背后，有主力的行为，也有散户的行为。散户之所以被称为"散户"，不仅因为资金规模较小，更因为他们无组织。散户买进或卖出一只股票通常对股价的影响有限。而主力机构资金雄厚，大量资金的买卖必然导致股价的波动。同时，主力作为一个实体存在，其员工开支、房租水电及各种调研费用最终都将算在买入股票的成本之中。因此，当主力买进股票后，就需有足够的利润空间。当主力不断买进股票后，该股票的后期走势往往会持续上涨。反之，当主力不断卖出后，股价往往会长期下跌。这种主力行为往往以趋势的形式表现，并具有一定的持续性。研究市场趋势，实际上是研究趋势背后主力的行为。价格以趋势的方式运行，这是技术分析研究的核心。

散户的行为、主力的行为往往在相似情境下表现为相似的行为。通过对过去某种情况下的行为进行总结，我们可以得出相似情况下这种行为再次出现的概率。例如，每当下雨天，我观察到某人总会打伞出门上班。现在又是一个下雨的工作日，我预测他今天又会打伞上班，这是大概率。然而，结果并非简单重复，也有可能他今天上班没有打伞，而是穿了雨衣。同理，技术分析研究的是大概率事件，而制定交易策略就是在把握大概率事件的同时防范小概率事件的发生。历史会不断重演，但不是简单的重复。

我的这本书是否对您有用？或者说您能否掌握其中的要领，取决于我们在股市中是否有共同的信仰。如果我的思想理念的根基都不能被您接受，那么这本书可能并不适合您。不要浪费时间，我并不期待所有人都能接受我的观点。

股市中有消息面、基本面和技术面的研究。选择什么样的路径？投资什么样的股票？如何操作股票？关键在于找到适合自己的、自己能够把握的方式。

在此，我需要强调一点，我并不是说基本面和消息面无用，恰恰相反，我认为它们都非常有价值。事实上，我经常根据基本面和消息面来选择股票，通过技术面来把握买卖时机。我认为这三者都很重要，但当它们发生矛盾时，或者当您购买的股票实际走势与预期不一致时，您会以哪个作为决策依据？在此情况下，我选择尊重技术分析中价格走势的事实。

那么，什么是技术分析呢？

技术分析以证券市场过去和现在的市场行为为分析对象，应用数学逻辑和概率统计的方法，探索出一些典型的价格变化规律，并据此预测证券市场未来走向，从而把握现有趋势。

在市场经济中，我们知道价格受到市场供求关系的影响，而影响市场供求关系的因素有很多。当这些影响投资者买进或卖出的因素共同作用到市场中时，便导致了股票价格的上涨和下跌。然而，这些因素到底能对市场产生多大的影响却是不确定的。

确定的是，这个结果是真实的，每个人看到的都是一样；这个结果是单一的，为我们提供了一个具体可执行的标准。相信市场，是我在股市中的信仰，也是我选择技术分析的原因。

在此，我想阐述一下我对技术分析的理解。在技术分析中，三大公理作为基础，这是土壤；道氏理论是其根本，这是树的根；研究核心是趋势，这就如同一棵树的树干；图形是趋势转变的关键，它是树冠；而 K 线作为图形的基本单位，就像是树枝；果实是生长在树枝上的，这代表我们交易的结果。那么指标又是什么呢？指标仅仅是用来衡量的尺度，它的作用就像是用来区分果径大小的尺子，为我们选择大小提供标准。

指标，更多的是用来选股。现在 A 股有 5000 多只股票，如果我们想找到均线多头排列的股票，应该如何寻找呢？一只只查看显然不现实，而通过指标和电脑的帮助，这个过程可以在短短一两分钟内完成。指标最大的作用在于为我们选择股票提供标准。对于初学者而言，指标可以作为买卖的依据，但须知，真正决定交易结果的不是衡量果实大小的指标，而是种树的过程。

根扎在土壤中，这是原则。果实所需的营养从土壤流向树根、树干，最后到达树枝上的果实，这个过程就是顺势而为。整体市场股指的高低点就像白天和晚上的气温。经过长期下降趋势后，高点和低点上升表明寒冬过去，春天来临。这时候，我们可以开始逢低吸纳，培育新的投资机会。而当市场经历了长时间的上涨，高点和低点下降则意味着收获季节的来临，此时我们应该及时兑现收益。

在股市中每个人都想获得果子，而获取果子有三种方法：一是偷；二是种；三是买。偷是最容易的，但风险很大。许多投资者在赚钱时迅速落袋为安，而赔钱时却不甘心，这很容易陷入困境。许多投资者在股市中花钱买教训，往往是经验丰富了，钱却没了。种最辛苦，但任何行业的成功都需要艰辛的过程。在股市中，大多数投资者最终无法盈利的一个原因就是他们往往不关心过程。从事这个行业二十多年来，我见证了中国股市多轮的牛熊，也见过许多投资者短期内快速获利。尽管中国股市曾经在不到两年的时间内涨幅达到六倍，但在五年、十年的长期观察中，我所见到的投资者很多都在重复着赚钱、赔钱、再赚钱、再赔钱的循环。在这个股票市场中，长期稳定盈利的投资者寥寥无几。

绝大多数投资者不赚钱并非因为他们没有获取好的股票信息，而是缺乏识别信息的眼光。我们身处信息泛滥的互联网时代，更需要学会筛选和分辨信息。股市本身是一个"负和游戏"，并不直接创造财富。在这个市场中，你需要思考如何从别人手中赚取收益。

随着全面注册制度的到来，未来股票市场将加速发展。这必然导致市场的两极分化：一些优质股票会得到市场追捧；同时，强制退市制度也会导致大量股票退出市场。在这样的市场环境中，投资者需要思考：我们要不要继续在这个市场生存？或者说，我们要依靠什么在这个市场中生存？

在我从事这个行业的二十多年里，我经常思考以下四个问题：

我是谁？

我喜欢做什么？

我能做什么？

当前的市场需要我做什么？

我始终认为，学习是一个不断认识自我、认识市场并逐步提高的过程。选择适合自己的、自己能力范围内的才是最好的。如果你的选择能与市场保持同步，那就是最理想的。

通过本书，我希望能够帮助投资者在股市中找到一条适合自己的道路。

◎ 本书内容架构

第一章探讨如何选择适合自己的道路。我们需要了解市场的当前环境，从而预测未来可能的变化，以找到一条适合自己的在股市中生存的道路。这一章旨在解决投资者是否应该参与股市的问题。

第二章关注趋势，这里主要讲对于大盘趋势的判断，以便从战略上解决投资者整体操作、系统风险判断的问题。在这里所讲把握趋势特指大方向的判断问题，而大方向是我们制定操作策略的核心。不同的趋势具有不同的特点，投资者需结合市场趋势与自身能力，在股市中灵活采用相应策略，从而提高投资收益。

第三章讲述不同主力的特点，以解决投资者选择股票的问题。在股市中，我们能够获取的利润取决于我们是否踩准了主力运作的节拍。本章将详细分析不同主力运作特征及其在股市中运作的基本手法，以帮助投资者根据自身情况选择适合自己操作风格的股票。

第四章、第五章和第六章分别探讨长线主力、中线主力和短线主力的常见操作手法。

最后，我们讨论股市投资中的心态问题。为什么我们难以在股市中实现知行合一？根源在于贪婪、恐惧和浮躁等心态。在股市中，我们应当学会把握心态，从而控制风险。

通过本书，我希望能帮助大家在股市中找到属于自己的道路，把握市场趋势，学会跟随合适的主力，掌握长线、中线和短线主力的操作手法。更重要的是，我希望大家能够在股市投资中修炼心态，学会控制风险，实现知行合一。

无论您是初涉股市的新手，还是有一定经验的投资者，我相信本书都能为您提供宝贵的启示和指导。

最后，感谢您对本书的关注和支持。愿我们在股市投资的道路上，在舵手读书会这个交流平台上携手共进，共创辉煌。祝您投资顺利，收获满满！

目 录

第一章

选择适合自己的路

　　为什么绝大多数股民在股市中很是茫然，不知所措？因为缺乏股市信仰，缺乏稳定的交易模式。大众投资者与机构之间因资金量不同、资金来源不同、组织结构不同，必然决定了不同的行为模式。而对大众投资者而言，只有适合自己、自己能够理解、能够做到的方法才是最好的，只有这样您才能做到知行合一。

　　在本书中我将重点给大家讲解"六维共振"的短线龙头战法，在讲龙头战法前我想先阐明我的基本观点。

　　经常看到一些群聊里面关于长线、短线的争论，到底哪个好？这个真没办法一概而论。因为无论长线还是短线，本身有一定的适用环境。

　　做短线，做的是风口，风来的时候猪都能上天，风停的时候，天上的猪会摔死。风停的时候还心存不舍计较高低、计较得失者均不适合做短线。

　　做短线本身就是与狼共舞，如果你没有时间看盘，也不会看盘，别人的短线和你无关。

　　做短线，用龙头战法，可以让你的资金在短期内快速增长，也可以让你的资金在短期内快速缩水。你自己适合做什么？你能做什么？在选择短线前请先自己想清楚。

股市盈利的路很多，有走基本面的，有走技术面的，也有走消息面的。究竟投资者该走哪条路？我觉得这是一个小马过河的问题。适合自己的、自己能做到的才是自己的路。

随着全面注册制的推行，未来市场必将呈现两极分化的态势：一些优质股票将受到市场追捧，逐渐成就伟大的公司；而强制退市制度也将导致大量股票退市。

全面注册制的实施是一个去散户化的过程。投资者需作出选择：我们是否应在这个市场生存？依靠什么在这个市场中生存？为了解答这些问题，我们需要分析股市的三个方面：消息面、基本面和技术面。

基本面通常从中长期角度审视市场，包括宏观的国际形势、国内经济发展状况、货币政策等。中观角度则关注公司的行业地位、行业特点、发展前景和热点。微观层面则要深入了解公司的基本情况，如市值、流通盘、限售股、控股股东、最终控制人和十大股东等。此外，还需关注市盈率、市净率、负债率、每股收益等各项财务指标。

技术面主要用来把握买卖时机，无论是做长线还是短线，都要关注均线排列、股价与均线的关系、K 线形态以及量价关系等。但作为普通投资者，有多少人经历过专业系统的学习呢？

在消息面方面，投资者可能对内幕消息最感兴趣。但在资本市场中，利用内幕消息炒股本身就是违规行为。你如何判断传给你的消息的真实性和目的？即使能获得真实的内幕消息，依靠内幕消息炒股并非长久之计。仅 2022 年，证监会共办理相关案件 603 件，其中重大案件 136 件，移送涉嫌犯罪案件和通报线索 123 件，案件查实率达到 90%。长期依赖别人的小道消息来赚钱是不现实的。

随着全面注册制的实施，市场风险将加大，投资者需要具备更高的专业素养。面对这个市场，你是选择自己操作还是交给专业人士？如果选择自己操作，该如何做呢？

实际上，在我从事股票交易二十多年的经历中，我一直在思考以下四个问题：

我是谁？

我喜欢做什么？

我能做什么？

现在的市场需要我做什么？

"我是谁？"是一个自我认识的过程。关于这个话题，我整理了这些年所写的几篇相关文章，以原汁原味地展示我对这个问题的认识。

首先，让我们回顾一下当时撰写文章的背景（见图1-1）。在图中箭头所指的位置，上证指数从6124点跌至3329点，市场正面临前期缺口的支撑。

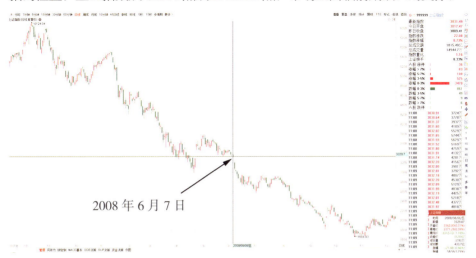

2008年6月7日

图1-1　上证指数日线图（2007年9月—2008年12月）

2008 年 6 月 7 日文章内容如下：

我是疯子

2008-06-07

心中有很多的话想说，今天我会发几篇文章，希望大家每篇都认真看。

5 月 7 日写了篇《疯言疯语》，之所以标题是《疯言疯语》，是因为我说的话与主流不一样。有时候有这样的念头和想法，我自己都感觉自己是个疯子。既然是疯话，对错大家也不要太在意，既然是疯话，请允许我毫无顾忌地在此一吐为快。

股市真的没得救了吗？股市中能救投资者的只有自己，不是没的救，是投资者自己不愿意出来，为什么不愿意出来？因为亏了，但是股市不会在乎你的亏损。我就不明白你在看什么，我们到这个市场明明是赚钱来了，却为什么总是眼睁睁地看着自己的资金缩水？我之所以买股票，是因为市场能够赚钱才买股票啊，目前的市场有赚钱的效应吗？

10 个股民 8 个亏，亏钱的事，谁干？只有股民。

我做股票的时候只做两个阶段，一个是市场的超跌，一个是上升趋势的趋势形成，这两种时候赚钱容易，现在费了半天的劲也难赚到钱，有这工夫多学习学习比什么都好。磨刀不误砍柴工，学习的目的是在市场有机会的时候赚钱。

我在等待着市场跌破 3000 点，这是一个很多人都认为不可能的事。

4月24日之后的上涨很多人认为回补缺口不可能，股市之所以很多的人赔钱是因为很多的人想不到，没有什么不可能的。现在补完了缺口就完了，这仅仅是让你希望破灭，市场还会让你绝望。

有人说"我现在是1/3仓位，没什么怕的"，有人说"能忍的人最后是赢家"。好，不怕是吧，勇气可嘉，但主力不把散户赶尽杀绝是不会善罢甘休的，因为不这样主力就拿不到想要的筹码。知道什么叫缴枪不杀吗？拒绝缴枪的必杀。

投资者经常是不该买的时候买，短线变中线中线变长线，长线变贡献。其实你要真的能坚持到最后也行，2001年扛到2007年的都解套了，可是那些人呢？

不怕是吧，6000点跌到了5000点不怕，5000点到4000点不怕，为什么3200点之后怕了，因为那会儿市场跌得最凶，因为那会儿在同一点600只股票跌停。

你告诉我"坚持，剩下的还是好汉呀"，你告诉我"炒股第一讲究的是心态"，我要不是因为当了老师我非得骂人，你这都赔得稀里哗啦了还跟我谈什么心态，你都被套着动不了啦，你心态不好也得行啊，不过是自我安慰罢了。

"希望""万一""幻想"，总而言之就是拖延，哪那么多的希望啊，正是你的希望、不切实际的幻想才使你一次一次错过减少亏损的机会。什么政策底啊？股市没有什么不可能的，有的只是你想不到，股票市场谈的首先是利而不是政策。

明白的，从4月24号以来我写的那么多文章早该明白了，不明白的我说了也是白说，但各位，那可是你自己的钱啊。

不管行情如何，被钱困住是钱奴，端午节还是要过的，还是祝大家端午节快乐。

杨波

于 2008 年 6 月 7 日疯话

当时写文章的背景如图 1-2 箭头所示位置，上证指数从 5178 点跌至 4527 点。

2015 年 6 月 25 日

图 1-2　上证指数日线图（2014 年 7 月—2015 年 10 月）

2015 年 6 月 25 日上午的文章内容如下：

我是老百姓

2015-06-25（上午）

上周五大盘跳空低开暴跌，导致4800点上方形成较大的套牢盘。现在大盘涨到了缺口附近，能否冲破呢？

市场的上涨和下跌事后总会找到各种原因，但在我看来，原因并不复杂。买入资金大于卖出资金就涨，卖出资金大于买入资金就跌。

套牢盘在等待解套，尤其是那些做了配资后又被迫加了保证金的股民更是心急如焚。

大盘经历了短期内900点的暴跌后，很多1∶3、1∶4的配资盘被打爆，1∶5以上的配资几乎全军覆灭。借钱炒股的配资者被迫平仓，却给了短线投资者一个很好的介入机会。现在短短两天，市场上涨了400多点，也让这部分投资者获利颇丰。

如果市场后期继续上涨，将面临套牢盘和短线获利盘的同时抛售。很多人想卖，而市场要想上涨就需要有更多的资金买入。

回想2007年暴跌之前，我们看到的报道是"和尚开户炒股票"。这波市场的上涨，该开户的早就开户了，现在大家都知道连学生都开了户。在近期的大盘暴跌之后，会让许多冲动的头脑冷静下来。我不知道现在还有多少场外投资者愿意带着资金进入股市。

过去三个月的上涨，更多的是场内投资者的疯狂。抵押贷款、借钱炒股推动着市场的非理性上涨。近期，在市场的配资遭遇重创，以及各券商停止了HOMS配资系统的接入之后，我不知道还有多少资金可以进入这个市场？

前文中提到"带血的筹码"，很多机构张着大嘴等待着那些血淋淋的胳膊腿。很多机构捡到的是配资者带血的筹码。对于一些机构而言，对于近期才允许进入二级市场的资金而言，它们已经成功完成了建仓的第一步。

现在主力会不会采取连续拉高的方式进行大规模建仓呢？通常主力拉高建仓的目的是为了在某种利好出现前建仓完毕，这是迫不得已的手段。更多的时候，主力建仓时会更加关注价格。在主力大规模建仓之前出现的利好，通常对主力来说也只是一种短线机会。

另外，多数股民还有一个让人敬佩的品质——"气节"。抓住了就不放，抓住了不等解套就是不跑。高位买进是错误，高位长线是错上加错，而股民的"长线"经常是抓住了就"誓把牢底坐穿"。有时候，我真的无计可施。

冲关的事留给主力去干，等到主力胜利了，我们再出来欢呼胜利不迟。建议在此多空决战之地，风险承受能力较小的可以暂时回避，至少也要穿好跑鞋。一旦看到主力撤退，我们要比主力跑得更快才行。投入兵力较少的投资者不妨等待多空双方决出胜负再说。

2015 年 7 月 3 日的文章如下：

我是一只小羊

2015-07-03 下午

在经历了 6 月 15 日之后，我们几乎每天都在失望和绝望中度过，每个晚上又满怀希望地期待新的一天。是什么给了我们希望，让我们无视惨痛的现实？

近期，我接到了很多电话。你问我怎么办？我建议你尽快抛出股票，不要等待反弹。你说亏损太大，我告诉你，只要留住资金，将来还有机会。你说卖不出去，我解释说，其实不是卖不出去，而是你不愿意亏钱卖出。没有一笔买卖是只赚不赔的。你说现在已经亏得很惨，我鼓励你放手，卖和不卖之间只差一个手续费。

从 6 月 19 日晚的文章《生死一线间》、6 月 23 日的《带血的筹码》、6 月 25 日上午的《我是老百姓》、6 月 25 日晚的《休息是一种境界》，到 7 月 1 日的《战争没有结束》，我的每篇文章都在劝你卖出。也许你无法理解我背后承受的心理压力，我也害怕，万一股市大涨会怎么样。你知道吗？我也快被逼疯了，这才有了昨天的文章《我又疯了》，在这篇文章里我仍然建议尽快卖出股票。

这些文章都是我抽出时间写的，只希望能够帮到我的朋友们。然而我知道自己在股市中的渺小，如同一片树叶，这个市场根本不会在乎我的存在。尽管有你们这些朋友，但我仍然觉得自己非常渺小，因为我知道有一个声音一直在你耳边说："小羊，别跑"。

投资者在亏损时更容易去相信希望。而我就是那个残忍地破坏你幻想的人。我知道这与我们的友谊无关，因为我明白你会心存侥幸，这是人性的必然。曾经有一首美妙的歌曲"小羊，别跑，温柔的狼儿爱上了羊"，一开始我也相信了，但当我看到同伴一个个倒下，我明白唱歌的狼同样会吃羊。我知道美妙的歌声有的是朋友无心之语，有的是敌人故意唱的。我选择相信我的眼睛。

狼爱上羊仅仅是个传说，然而你却相信了，这不是狼的错。我的姓氏是杨，从小的外号就和羊有关，渐渐地，我明白了一个道理：如果你是羊，你不要试图和狼讲道理。当你被吃掉的那天，请不要责怪狼，因为狼生来就是吃肉，而羊生来就是吃素。你不要哭泣，因为羊生来就是被吃的。如果你不想被吃掉，你唯有努力把自己变成狼。即使不能变成狼，至少要比其他羊更强壮，跑得更快。

股市既是天堂，也是地狱。羊生来就注定要被吃，弱肉强食是市场永恒不变的法则。想要在市场中不被吃掉，除了自强之外别无他法。不要伤心、难过，不要去抱怨那吃肉的狼。勇敢地去面对，历经挫折能够站起来的才是真正的强者。未来的股市仍会有好的机会，股市中的财富将属于真正的强者。

在这些小文章中，我如实表达了我对市场的敬畏之情。在股市里，我深感自己的渺小；在与投资者交流的过程中，我同样感受到了自己的渺小。

经常在一些讨论群中看到长线和短线投资者之间的争论。长线投资者往往嗤笑短线投资者关注的股票，而短线投资者也不屑长线投资者所关注的股票。关于这个问题，我认为没有对错之分，这本身就是一个因人而异的选择。长线和短线投资的好坏，与每个人的性格、兴趣和能力有关。

首先，性格是一个关键因素。急躁的人从事长线投资往往会在马跑起来之前就抛出股票；而慢性子的人则不适合从事短线投资，在他们犹豫不决的时候，好的交易机会可能已经溜走。

其次，兴趣也很重要。比如，你是喜欢短线投资那种紧张刺激的快感，还是更倾向于长线投资那种从容淡定的优雅。当然，喜欢和能力是两回事。

无论选择短线还是长线投资，你需要具备相应的能力。

成功者都经历了学习和成长的过程，而你，愿意为此付出多少？

以短线投资为例，你是否能在瞬息万变的信息中捕捉到机会？你是否有时间去关注市场？在这些问题上，没有人能帮助你，你需要根据自己的实际情况做出选择。长线和短线投资并无优劣之分，选择适合自己的道路，做自己能做的事，才是最好的选择。

如果你已经选择了投资方法，并愿意为此付出时间和精力，那么你能做好吗？从知道到做到，至少需要经历两个完整的牛熊市周期。人性中的贪婪和恐惧，只有在市场中被屡次抽打后，才能认识到，才能敬畏市场。只有这样，才能知道什么事可以做，什么事不可做，才能建立严格的纪律和原则来克服人性的弱点。这需要一个漫长的修炼过程。而在这漫长的修炼中，你需要做到的就是在股市寒冬来临的时候，不被严寒所击垮。

总之，在股市投资中，无论选择长线还是短线，关键在于找到适合自己的方式。不同的投资者可能有不同的性格、兴趣和能力，因此，我们应尊重每个人的选择，而不是陷入长线和短线的争论之中。在投资的道路上，我们要始终保持敬畏之心，时刻提醒自己股市的风险，不断学习和成长，以应对市场的不断变化。

第二章

顺"势"而为，尊重趋势

这一章的"势"主要是大盘的趋势，讲的是系统风险防范的问题。在系统风险来临时，绝大多数股票会下跌。本章将探讨系统风险的判断和防范。

第一节　判断股指涨跌的密码

股指涨跌与股民的收益现状

沪深股市于 2022 年创出近四年来的最熊走势：上证指数全年跌幅达到 15.13%，深证成指全年跌幅 25.85%，而创业板指全年跌幅更是高达 29.37%，成为近十年来最大的跌幅。整个市场中，超过七成个股的股票价格下跌。在 5079 家上市公司中，有 3700 家股票出现下跌，占比达 72.8%。对股民来说，极具杀伤力的是歌尔股份和韦尔股份，这两个价值投资的标的市值减少超过千亿元。

2022 年的下跌不仅让大众投资者无法盈利，就连很多曾在前两年大放异彩的公募基金经理也是亏损累累。根据中登公司的数据，截至 2022 年 11 月，A 股市场共有 2.05 亿户投资者。粗略计算下来，这 2.05 亿户股民在 2022 年每户持有的股票市值平均蒸发了 5.5 万元。

那么这种系统性的下跌风险能不能避免呢？通过学习股市的结构和节奏是可以的。

判断股指涨跌的密码

市场的涨跌真的无法把握吗？或者说，市场的涨跌真的不能预测吗？

图 2-1　创业板指数周线图（2020 年 2 月—2023 年 2 月）

在图 2-1 中，我们看到了创业板指数的走势。请注意图中的红色和蓝色线段，它们分别代表从低点到高点或从高点到低点的一个月以上的涨跌。所谓的行情是指从低点到高点，收盘价经过一个月以上的时间才实现，这才算是一波真正的行情。如果只是在短短两三天内上涨，那就不能称之为行情。为什么要至少一个月的时间呢？因为这样的行情才能证明是主力资金推动的。

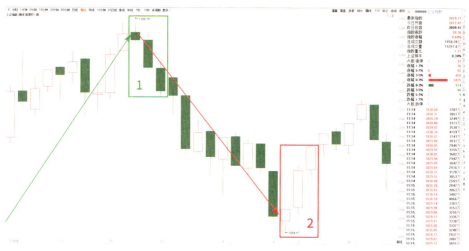

图 2-2　上证指数周线图（1998 年 9 月—1999 年 4 月）

股指的下跌一定是由卖出资金大于买入资金所导致的。当出现高位连续三周的下跌时，市场传递的信息就是"卖出、再卖出、不断卖出"，如图 2-2 中"1"所示。这意味着市场中的绝大多数主力资金在不断抛售，预示着未来市场将上涨无力。当市场持续一个月以上的下跌时，这一定是主力资金持续抛售的结果。

如图 2-2 中的"2"所示，在低位连续三周上扬，说明市场买入资金持续大于卖出资金，这种情况下，主力资金重新进入市场的概率较大，预示着未来市场将看涨。

需要注意的是，我们关注的是收盘价。例如，如果是小阴线，但实际点数相对于上一周是涨的，那么就算作上涨。然而，如果出现大幅的高开低走，尽管收盘价高于之前的收盘价，也往往是受到突发利好消息或夜间外围市场大涨的影响，实际上是一种不利的征兆。

同样，如果在高位出现连续三周下跌，而第三根 K 线出现大幅低开高走的情况，这往往是受到突发利空消息或夜间外围市场大跌的影响。然而，低开高走说明利空消息已经消化，或者国内市场相对于周边市场较为强势，这反而是一个看涨的信号。

图 2-3　上证指数周线图（1998 年 9 月—1999 年 11 月）

在图 2-3 中，虽然"2"的位置出现高位十字星，但实质上是上涨的，构成了反向三周的"买买买"，预示未来看涨。而"3"的位置虽然是连续上涨的阳线，并不构成持续下跌后的"买买买"，它只是"1"位置的上升趋势形成后的延续。而"4"的位置，在此之前从低点到高点持续一个月以上的时间，构成了反向的"卖卖卖"，预示未来市场将下跌。

图 2-4　上证指数周线图（1999 年 4 月—2002 年 4 月）

在图 2-4 中，“2”的位置出现在上涨过程中的连续三周阳线，并不满足“低位启动的三周连涨买买买”的条件。而图 2-4 中“1”的位置，在连续三周的上涨之前，已经出现了月线级别的下跌，且是由低位启动的。

通过以上分析，我们可以得出一个结论：通过观察市场中主力资金的动向和行情结构，我们能够在一定程度上预测市场的涨跌趋势。虽然这并非绝对准确的方法，但它至少能帮助投资者在一定程度上规避系统性风险。

总结起来，要想在股票市场中获得稳定的收益，投资者需要学会顺势而为，尊重市场趋势。通过观察市场的结构和节奏，我们可以在一定程度上预测市场的走势。同时，要保持客观、理性的投资心态，通过对系统风险的判断和防范，在波动的市场中实现稳定盈利，避免不必要的损失。

第二节　百年道氏

在上一节中，我们讨论了技术分析的核心是趋势。在深入探讨趋势之前，我们先来认识一位重要人物。

图 2-5　查尔斯·亨利·道

查尔斯·亨利·道这个名字你可能并不熟悉，但提到美国的道琼斯指数你一定会如雷贯耳。道琼斯指数正是以查尔斯·亨利·道和他的朋友爱德华·琼斯两个人的名字命名的。

查尔斯·亨利·道于 1902 年去世，距今已经有 120 多年。他去世 20 年后，人们发现他的文章对市场具有很强的指导意义，于是将他的文章收集整理，并将他的理论正式命名为"道氏理论"。后来艾略特的波浪理论、江恩的江恩理论等都是在道氏理论的基础之上发展而来。如今，查尔斯·亨利·道被公认为技术分析的鼻祖。1982 年，距他去世 80 年之际，美国技术分析协会为了纪念他，颁发了"约翰默德银碗奖"，以表彰他对技术分析的贡献。

值得注意的是，1902 年查尔斯·亨利·道去世时，他与中国股市并没有太大的关系。同样，在 1982 年颁发"约翰默德银碗奖"的时候，他的理论与中国股市也没有太大的联系。那么查尔斯·亨利·道究竟讲了些什么呢？他的理论在中国股市中是否有用？接下来的内容将对此进行详细阐述。

第三节 平均股价包容消化一切因素

这句话是不是很耳熟？技术分析的三大公理之一就是"市场行为包容一切"，只不过在这里用平均股价代替了。现在我们知道世界上的第一个指数是以查尔斯·亨利·道和他的朋友爱德华·琼斯两个人的名字命名的。在这里，我们可以将平均股价理解为指数。

为什么要强调平均股价呢？单个股票，尤其是小市值的股票，极易受到资金的刻意操作，也就是所谓的"骗线"。例如，一些个股的主力在整个交易日内不断卖出，而在收盘前利用买卖不活跃的机会，用少量资金就能制造所需的收盘价。在技术指标中，很多指标，如 RSI、KDJ、WR 指标等，都受收盘价的影响较大；而均线指标的位置则直接由收盘价决定。这也是一些人认为指标没有用的原因之一。

虽然主力可以操纵某只股票的价格走势，却无法操纵所有股票的价格走势。通过对一些影响指数的权重股的操作，可以改变指数短期所处的位置，但持续时间较长的骗线却难以实现。

在大盘行情好的时候，绝大多数股民都能赚钱；而大盘行情不好时，绝大多数股民则不得不承受亏损。这正是我们要关注大盘和大盘趋势的原因。

查尔斯·亨利·道之所以伟大，正是因为他的理论像一盏明灯，照亮了股市茫茫黑暗中的"致富之路"。只有当大盘趋势良好时，绝大多数股票才能上涨。因此，在投资过程中，我们要时刻关注大盘趋势，并根据趋势来做出明智的投资决策。在后续章节中，我们将继续探讨查尔斯·亨利·道的理论，并分析其在中国股市中的实际应用价值。

第四节　趋势的三个级别

查尔斯·亨利·道认为任何市场必定存在三种趋势：基本趋势、次级趋势、短期趋势。在任何时候，这三种趋势必然同时存在，它们的方向可能相反，也可能相同。分清这三种趋势是投资者在市场上获取利润的首要前提。

查尔斯·亨利·道的观点如下：

基本趋势的时间通常持续一年以上，有时甚至数年；

次级趋势（或中期趋势）代表主要趋势中的调整，通常持续三周到三个月；

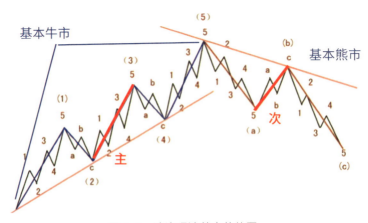

图 2-6　波浪理论基本趋势图

短期趋势（或小趋势）通常持续不到三周。

为了说明这三种趋势的关系，我们选用了一张波浪理论图（图2-6）来做解释。

如图2-6所示，基本趋势又称原始趋势，通俗地说就是大方向，即股价长期的上升或下跌的走势。通常基本趋势的时间长达一年以上，从方向的角度又可以分为基本牛市和基本熊市。

在基本趋势中，与基本趋势方向一致的为主要趋势，如图2-6中基本牛市的红色部分为主要上升趋势，这个主要的红色上升趋势是由小级别日常波动1、2、3、4、5构成。基本熊市中的绿色部分为主要的下降趋势，这个主要的绿色下降趋势也是由小级别日常波动1、2、3、4、5构成。在基本趋势中，与基本趋势方向相反的为次要趋势，如图2-6中基本牛市的绿色部分为次要下降趋势，而基本熊市的红色部分为次要上升趋势。

为了更好地理解道氏理论关于趋势级别的观点，我们可以借用一个比喻。假设你开车从北京前往沈阳，这辆车总体往东北方向行驶，这个东北方向就是大方向。在去往沈阳的路上，你不可避免地会遇到拐弯。在股市中，车不能往回开，因此它往东南方向行驶的过程是次要下降趋势，而往东北方向行驶的过程就是主要上升趋势。

虽然道氏理论没有明确阐述主要上升趋势的时间，但我们可以推断：如果车子往东南方向行驶的时间和距离较长，那么车一定不是去沈阳的。由此我们可以推导出主要趋势的时间应该比次要趋势的时间长。

换句话说，只要形成了上涨趋势，无论是主要趋势还是次要趋势，未来大概率都会上涨，只是有时候涨得时间长，有时候涨得时间短。

那么如何来判断未来涨跌的时间和空间呢？

在此，仍然用车来比喻。在探讨如何判断未来股市涨跌的时间和空间之前，我们先来认识股市中的"三趟车"。北京开往沈阳的牛车代表上涨趋势，始终朝向东北方向行驶；北京开往上海的熊车象征下跌趋势，持续朝东南方向行进；而北京至天津的猴车则表示股市的横盘震荡。现在，我们将通过分析相关周 K 线图来预测股市走势。

图 2-7　上证指数周线图（1998 年 5 月—1999 年 10 月）

首先，让我们观察图 2-7，这张上证指数周 K 线图展示了 1998 年 5 月至 1999 年 10 月的股市走势。在一段长时间的下跌之后，图中出现了上涨 5 对下跌 5 的情况，且两个低点相差无几。这表明市场由原来的下跌熊车进入横盘震荡的猴车，未来走势可能发生变化。随后，我们看到连续 7 周的上涨，无论是时间还是空间，都超越了前期的下跌。这是牛车的特征。接下来，我们将分析后面的走势。

图 2-8 上证指数周线图（1999 年 2 月—2001 年 9 月）

图 2-8 展示了 1999 年 2 月至 2001 年 9 月的上证指数周 K 线图。在此期间，虽然市场中也出现了几次高位的"1、2、3"连续三根周 K 线（蓝色方框）引发的下跌，但总体来说，下跌的时间较短，空间较小。红框之后，股指跌破了前期低点，表明市场态势再次发生改变。

图 2-9 上证指数周线图（2000 年 3 月—2005 年 10 月）

图2-9是2000年3月至2005年10月的上证指数周K线图。黑色区域显示下跌的时间和空间超越了上涨的时间和空间，说明熊车已经来临。虽然中间还有红色底部三连涨引发的反弹，但都是小规模上涨。绿色三角形1区域中，上涨的空间超越了下跌，但上涨的时间并未超越。随后，高位绿色方框2中的连续三周下跌引发了长期下跌。图中蓝色方框显示了低位形成的两周连续上涨，但并未改变日常波动性质。尽管第一个蓝色框中出现重大利好导致大盘短期大幅上涨，但当市场在绿色方框中出现下跌三连阴时，投资者必须保持警惕。对于初学者而言，需耐心等待上升趋势再次形成。

图2-10 上证指数周线图（2002年11月—2006年12月）

图2-10展示了2002年11月至2006年12月的上证指数周K线图。在经历漫长等待后，我们终于看到了底部上涨的"1、2、3"，随后出现下跌的"5"对横盘的"5"。当市场再次出现底部上涨的"1、2、3"时，这次连续涨了9周，无论是上涨时间还是空间，都超越了之前下跌的时间和空间。这表明当前上涨是主要趋势，我们需要密切关注后续走势。

图 2-11 上涨指数周线图（2004 年 7 月—2006 年 11 月）

图 2-11 展示了 2004 年 7 月至 2006 年 11 月的上证指数周 K 线图。在熊市中，每次下跌的时间和距离都比上涨的时间和距离长。然而，自 2006 年 12 月 6 日开始的上涨，前期下跌时间并未超过上涨时间，且未创出新低。这说明大盘当前正运行在牛市中期的主要上升趋势中，即上涨时间长、空间大。此时，无论选择图 2-11 中的"1"突破买点还是"2"逢低吸纳买点，都可在后市获利。

图 2-12 展示了 2005 年 1 月至 2008 年 7 月的上证指数周 K 线图。在长时间的上涨之后，高位出现整体 7 周下跌，随后连续反弹 4 周后再次以下跌"1、2、3"的方式下跌，并跌破前期低点。此时，我们确认上涨"4"的结束，确定上涨时间短、空间小，新的下跌为熊市下跌。此时，是立即卖出还是等待反弹卖出并不重要，关键是卖出。

其后我们看到了长期的大幅的下跌，中间也有反弹，但始终没有形成趋势。这是 2008 年美国金融危机的时候，相信当时经历过了市场暴跌的

图 2-12 上证指数周线图（2005 年 1 月—2008 年 7 月）

投资者都会永生难忘。不管是机构还是散户，只要做就会大幅亏损。

图 2-13 展示了 2008 年 5 月至 2009 年 10 月的上证指数周 K 线图。在此图中，我们看到上证指数跌至 1664 点，随后出现 4 周回调对 5 周上涨，且涨过前期高点。无论是选择"1"追涨还是"2"逢低吸纳，如何买入再次

图 2-13 上证指数周线图（2008 年 5 月—2009 年 10 月）

变得不重要，关键在于后期大盘的持续上扬。

综上所述，查尔斯·亨利·道的趋势理论确实具有一定的预测价值。他将主要趋势、次要趋势和短暂趋势分别比喻为潮汐、海浪和波纹。潮汐可以相对精准地预测，并用于发电；海浪受风的影响，在一定程度上也可预测，可以用来冲浪。至于波纹，一条小鱼游过，水面上也会泛起波纹。这种现象除了好看之外，几乎无法预测。

短暂趋势，也称为日常波动，对投资者来说，其实际价值有限。在投资过程中，我们需要重点关注主要趋势和次要趋势，了解市场的整体走势。通过观察市场的上涨和下跌时间、空间以及低点和高点，我们可以判断大盘是处于牛市还是熊市，并据此制定相应的投资策略。

总之，投资者在面对股市时，需要关注查尔斯·亨利·道的趋势理论，并运用其观点来判断市场的走势。通过观察主要趋势和次要趋势，投资者可以在适当的时机买入和卖出股票，从而实现资产的增值。然而，投资者应谨慎对待短暂趋势，因为它们的预测价值有限，可能会导致投资失误。在投资股市时，耐心、谨慎和长期的视角至关重要。

第五节　大趋势分为三个阶段

在道氏理论中，查尔斯·亨利·道将市场的大趋势划分为三个阶段：

第一阶段，也称为积累阶段。以熊市末期和牛市初期为例，此时，各方面的经济负面消息已被市场充分消化。因此，最敏锐的投资者开始逐步建仓，以捕捉市场反弹的机会。

第二阶段，商业新闻逐渐变得乐观，大多数顺势投资者开始跟进买入，进而推动股价迅速上涨。可以将此阶段比喻为经济复苏的春天，市场开始逐渐焕发生机。

第三阶段，即最后一个阶段。此时，媒体上充斥着积极的经济新闻，大众投资者纷纷涌入市场，投机交易量日益增长。这个阶段可类比为市场狂热的夏天。然而，在这个阶段，当初在熊市底部布局的精明投资者开始逐步出货，为自己锁定利润。

为了帮助大家更好地理解道氏理论中大趋势的三个阶段，我将其分为熊市尾声的冬季、经济复苏的春天、大众投资者疯狂的夏天，以及牛市行情收尾的秋天。这样的划分有助于我们形象地理解市场在不同阶段的表现，从而作出更为明智的投资决策。

第六节　确切的反转信号

在此之前，我们已经讨论了牛市中股市夏季的狂热。需要指出的是，在这种狂热中，我们很难判断出市场最终的顶部到底在哪里。而且，在市场狂热的阶段，月 K 线连续上扬，往往是获利丰厚的时候。然而，当市场在高位形成连续阴线下跌，或者出现明显的月线级别的高点下降、低点下降时，这意味着已经出现了明确的反转信号，标志着牛市的结束（见图 2-14）。

当明确的反转信号出现后，我们发现市场已经经历了一段时间的下跌。这一信号的意义在于，当我们看到高位明确的反转信号时，后期往往还有相当长的时间会出现下跌。因此，在这个阶段，我们应该以风险防范为主。

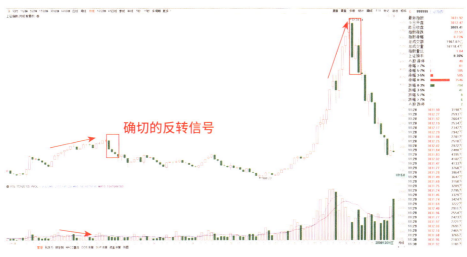

图 2-14 上证指数月线图（1998 年 12 月—2007 年 12 月）

现在，让我们回顾中国股市过去三十年的走势，看看是否存在一定的规律。请注意接下来的图表连续性。

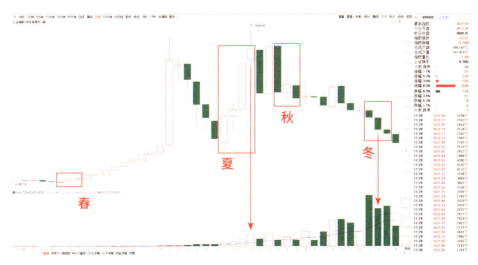

图 2-15 上证指数月线图（1990 年 12 月—1994 年 6 月）

图 2-15 中的"春"位置标志着中国股市第一轮牛市的开始。我们会在后面的内容中结合其他信息一起进行讲解。

"夏"三月

图 2-15 中的"夏"位置出现了高位成交量的明显放大。高位成交量的明显放大表明很多人在买，同时也有很多人在卖。那么，谁在买，谁在卖呢？股指能够走到高位并形成长期上升趋势，一定是主力参与的结果。所以，主力手中有股票。那么谁手里没有股票呢？新入市的股民手里没有股票。高位产生的换手是有股票的主力卖出，没有股票的股民买入的结果。

随着市场的连续上涨，市场赚钱效应导致新股民疯狂开户，盲目购买股票。而场外新增资金的入场，导致 K 线走势出现加速上扬。这种高位疯狂上涨只能说明离高点越来越近，但并不能说明市场已经到达高点。在这个阶段，投资者需要更加谨慎，但不必慌张逃离市场，因为这个时候仍有可能获得一定的收益。然而，当市场出现明确的反转信号时，就是投资者应该果断减仓或者退出市场的时候了。

需要注意的是，此时有两点需要关注：

1. 当市场疯狂时，并不意味着马上见顶，往往此时赚钱的速度最快。众所周知，牛顿的智商非凡，但在炒股后，他感慨："我能计算出天体运行的轨迹，却难以预料到人们的疯狂。"

2. 高位出现成交量放大可能是主力卖给散户，也可能仅仅是主力在高位的一个对倒。我们需要关注后续走势来确定究竟是哪种情况。

"秋"三月

在高位成交量明显放大之后，我们仍无法确切判断后期市场的涨跌。如果主力高位对倒，那么后期的股价还会上涨；如果主力是在高位卖给了散户，那么未来股价将持续下跌。当我们在月K线的高位看到高点下降、低点下降的走势或者是月线上连续阴线时（图2-15中的"秋"），说明这是主力在高位出逃的结果。

股市"秋"三月的出现是牛市行情结束的确切反转信号，标志着在未来很长一段时间内，赚钱是次要的，风险防范是主要的。

"冬"三月

那么当我们明白了这个结果时，是否已经太晚了呢？并非如此。高位月线级别的下跌是中长线主力离场的结果，而中长线主力离场后短期内不会回来，未来往往意味着一个中长期的下跌。当然，在这个过程中也会有一些上涨，但是我们关注的重点应该是整体趋势而非短期波动。中长期主力在高位离场后，只有在有足够的下跌空间和时间后才会回来。主力高位卖出是为了低位接回，而要在低位接回，就需要散户在低位割肉。然而，高位长期被套的散户怎么可能轻易在低位割肉？因此一定会有利空，一定会让散户感到绝望，只有这样才能在低位获得带血的筹码。

在经历寒冷的"冬"三月后，春天才会到来。图2-15中的"冬"位置，中国股市完成了第一轮"春夏秋冬"循环。

值得注意的是，在股市"冬"三月出现后，并不意味着市场马上迎来春天。此位置仅代表从中长期角度来看，市场处于底部。在熊市中抄底时一定要谨慎。

熊市底部需要具备三个特征，如图2-16所示：

1. 长期下跌，通常一年以上的时间，见图2-16中"1"的位置；

2. 中期持续下跌，通常可见月线的三连阴，见图2-16中"2"的位置；

图 2-16　上证指数月线图（1992 年 4 月—1996 年 4 月）

3. 短期加速下跌，通常可见月 K 线在低位的加速下跌，见图 2-16 中"3"的位置。

需要注意的是，当这三个特征同时出现时，并不代表市场已经触及最低点或者行情马上到来。如图 2-16 中"4"的位置，此时仅代表市场投资者在低位的恐慌。但是，既然长期、中期和短期的下跌都已经出现，市场终究会触底。此时离底越来越近，机会也越来越大，投资者需要的是勇气，至少要做好迎接牛市来临的准备。

"春"三月

正如前文所述，市场"冬"三月出现，并不代表后期不会继续下跌。它只表示从中长期角度看，市场处于一个长期的底部区域。通常在市场的底部，主力需要逐步建仓，尤其在中长线个股运作上，表现为低位反复的高抛低吸。这样做可以降低持仓成本，消耗被套投资者的耐心，并在低位吸收更多低价筹码。

图 2-17　上证指数月线图（1993 年 6 月—1996 年 12 月）

主力建仓分为左手的逢低吸纳和右手的拉高建仓。当股指连续走高（通常需要连续三个月的上涨），如图 2-17 中"春"的位置时，说明主力的建仓可能已经进入末期，此时往往意味着股市春天的来临。虽然春天来临时可能还会出现倒春寒，但未来的总体趋势是气温逐渐升高。

股市"春"三月的出现，构成的是熊市行情结束的确切反转信号，标志着在未来很长一段时间内，赚钱将成为重要的目标，而风险防范将变得次要。在这个阶段，投资者应该抓住机会，积极寻找具有潜力的投资标的，并做好应对牛市的准备。

小结：

在股市的"春夏秋冬"循环中，投资者需要关注市场的变化，以便在不同阶段采取适当的投资策略。在"春"天和"夏"天，市场上涨的机会较多，投资者应关注赚钱；而在"秋"天和"冬"天，市场下跌的风险较大，投资者应关注风险防范。

同时，要注意市场的反转信号。在"春"三月和"秋"三月出现时，分别意味着熊市和牛市的结束，投资者需要相应调整策略。在"冬"三月出现时，尽管市场可能还会继续下跌，但投资者应认识到市场已处于长期底部区域，逐步准备迎接牛市的到来。

在投资过程中，只有保持冷静和理性，遵循市场规律，把握市场周期，才能在股市的"春夏秋冬"中获得稳定的收益。

第七节　交易量验证趋势

熊市的底部出现时，代表着市场中持有股票投资者的恐慌。然而，主力建仓需要一个过程。

通常，主力在低位建仓，能够拿到的是绝望中恐慌的投资者低位卖出的

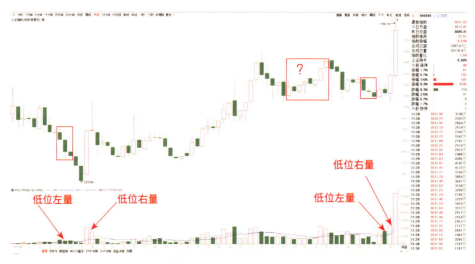

图 2-18　上证指数月线图（1993 年 6 月—1999 年 6 月）

筹码（打压建仓——左手建仓，见图2-18中低位左量）。但是，在行情暴跌时，多数人并不会卖出股票。为了获得这部分筹码，主力可以通过底部反复消耗股民的耐心（潜伏建仓）或者直接拉升股价，拿到股民解套卖出的筹码（拉高建仓——右手建仓，见图2-18中低位右量）。对于中长线主力来说，往往会同时使用这三种建仓方式。

注意图2-18中的"？"处，这里留下一个疑问：这算是一波牛市的上涨吗？这个问题将在后续内容中讨论。

无论是主力的低位建仓还是高位出货，都需要主力与散户进行有效的换手。因此，道氏理论认为，交易量作为验证价格图表信号的旁证具有重要价值。然而，道氏理论同时也认为成交量居于第二位的地位。

在谈到成交量时，需要注意以下两点：

主力在低位通过打压建仓所能获得的筹码毕竟是有限的，这个低位的左手量相对于上涨时的放量往往不明显。通常在低位成交量低迷之后，只要成交量能够大于5日均量，就可视为放量，如图2-19中"1"的位置。

图2-19　上证指数月线图（1993年9月—2002年11月）

当股价连续大涨之后，例如主力已经获利一倍，主力并不需要卖出所有筹码才能获利。只需卖出一半筹码，就能收回成本。因此，高位的成交量并不需要是最大的，如图 2-19 中"2"的位置。

第八节　指数相互验证

查尔斯·亨利·道编制指数的初衷是为了预测工业活动的景气度。其中，工业指数代表商品生产情况，铁路指数通常反映大多数商品的运输情况。若两者同时上升，则意味着商品的生产和销售都很顺利，企业效益较好。相反，如果两者表现不佳，经济就会陷入不景气。若两者走势不一致，则需分析后再做出决策。道氏理论中的平均价格相互验证是指工业股指与铁路股指之间的关系。因为相互验证的存在，除非两个指数都发出看涨或看跌信号，否则大规模的牛市或熊市不会发生。换句话说，要判断牛市的发生，两种指数都必须突破各自前一轮波峰。如果只有一个突破了前一个高峰，那还不能确认为牛市。两个市场的上涨信号不必完全同步，但时间越接近越好。

具体而言，道氏理论要求工业平均指数和运输业平均指数必须在同一方向上运行，以确认某一趋势的形成。在 A 股市场中，由于编制指数的侧重点不一致，只有当几个股指同步运行时，才能反映市场的整体情况。

当某一指数在高位创新高或形成平顶时，如果另一个指数未能创出新高，则形成指数的顶背离。相反地，当某一指数在低位创新低或形成平底时，如果另一个指数未能创出新低，则形成指数的底背离。

图 2-20 展示了上证指数与深证成指在 1993 年 9 月至 1999 年 6 月期

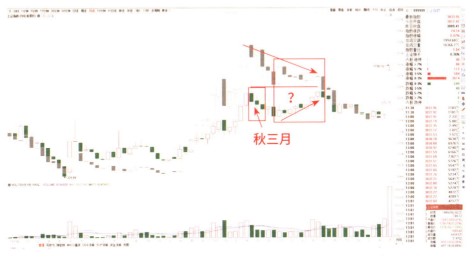

图 2-20　上证指数与深证成指月线对比图（1993 年 9 月—1999 年 6 月）

间的月 K 线对比图。通过问号处的对比，我们可以清晰地看到上证指数在前期连续大涨后，与前期高点形成了平顶走势。然而，在同一时期，深证成指走势下滑，并不支持上证指数的上涨。由此形成的是指数的顶背离。同时，我们可以通过道氏理论关于基本趋势时间的理论来判断，"秋"三月形成后的上涨过程中很难迎来新一轮大涨。因此，在这个位置上，上证指数的上涨并非机会，而是需要防范的危险。随后，我们看到沪深两大指数同步出现了快速下跌。

　　图 2-21 呈现了上证指数与深证成指在 1995 年 5 月至 2022 年 12 月期间的月 K 线对比图。在图中，我们可以看到 2021 年上证指数在 2245 点市场头部形成前，已经形成了长期上涨后的"夏"三月。当大盘接近 2245点时，深证成指的高点与前期高点基本齐平，由此形成两大指数的顶背离。这意味着从深证成指的角度来看，并不支持上海大盘的上涨。随后，我们看到沪深两大指数开始了漫长的熊市。

图 2-21　上证指数与深证成指月线对比图（1995 年 5 月—2022 年 12 月）

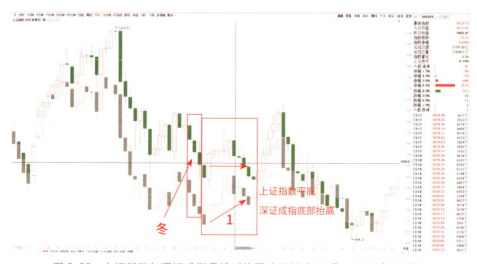

图 2-22　上证指数与深证成指月线对比图（1999 年 9 月—2006 年 3 月）

图 2-22 展示了上证指数与深证成指在 1999 年 9 月至 2006 年 3 月期间的月 K 线对比图。在图中，我们可以看到"冬"三月后，上证指数形成了底部相近的一个双底结构，而深圳大盘则形成了底部的抬高，如图 2-22 中"1"

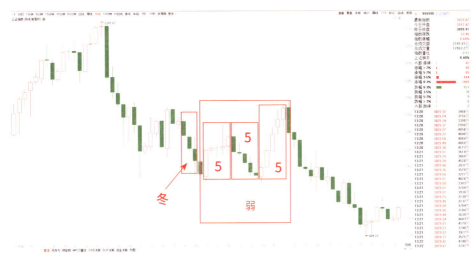

图 2-23　上证指数月线图（2000 年 2 月—2005 年 12 月）

处。沪深两市在此形成了低位的底背离，随后深沪两市展开同步上涨，但这次上涨是中国股市三十年来走得最弱的一次。当时，由于大小非全流通问题尚无明确解决方案，导致这次上涨的行情无论从时间还是空间角度都表现得较弱。那么，如何防范后期的下跌呢？

我们在之前讲到了时空距离判断中的两个重要概念：时间和空间。在图 2-23 中方框处，我们可以看到上证指数在"冬"三月后形成了底部位置相近的一个双底结构，随后展开上涨。在这段时间里，我们可以观察到"冬"三月后上涨和下跌的时间和位置基本相等。然而，在随后的上涨过程中，虽然空间上超越了之前的下跌幅度，但上涨时间并未超过下跌时间，这显示出市场的疲弱，需要防范。

结合周 K 线，在上证指数形成图 2-24 中 5 个月的上涨后，在高位形成了图 2-24 中"1"位置的周线连续三周下跌，形成了下降趋势。通过这一趋势，我们可以确认之前的上涨已经结束，并确定图 2-23 中月线级别上的上

图 2-24   上证指数周线图（2002 年 4 月—2004 年 9 月）

涨并没有超越之前的下跌时间。

在图 2-25 中，我们观察到 2009 年上涨之后，深证成指形成了一个三重顶。在随后的下跌过程中，相对强势的深证成指从高点到低点用了 6 根 K 线，而后期市场反弹至前期高点的位置仅用了 4 根 K 线，然后开始下跌，显然上

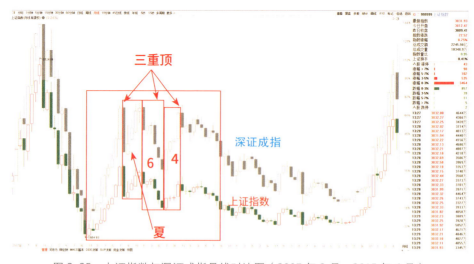

图 2-25   上证指数与深证成指月线对比图（2007 年 3 月—2015 年 6 月）

涨时间没有超过下跌时间。

结合同期周线走势图，在图 2-26 中我们可以看到，深证成指在三重顶形成过程中，每一个顶都伴随着上证指数在高位连续三周下跌，形成下降趋势。随后，深沪两市开始了长期的下跌。

图 2-26　上证指数与深证成指周线对比图（2008 年 11 月—2011 年 10 月）

图 2-27　上证指数与深证成指月线对比图（2008 年 12 月—2015 年 1 月）

在图 2-27 中，我们看到市场经历长期下跌后，虽然深圳指数仍在下跌，但上证指数已形成三平底，标志着市场底部的形成。

再看上海大盘在三平底形成过程中的周 K 线：

如图 2-28 所示，在经历长期下跌后，市场形成了上涨 4 周、下跌 4 周、

图 2-28　上证指数与深证成指周线对比图（2012 年 4 月—2014 年 9 月）

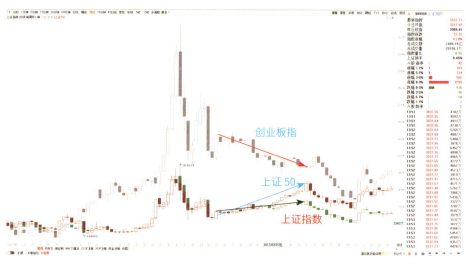

图 2-29　上证指数与其他指数月线对比图（2011 年 11 月—2014 年 10 月）

上涨 4 周、下跌 4 周的走势，高点和低点相差不大。市场自此触底，开启了一波波澜壮阔的牛市。

在指数相互验证方面，图 2-29 展示了上证指数、上证 50 和创业板指数同期对比图。黑色箭头代表上证指数，蓝色箭头代表上证 50 指数，红色箭头代表创业板指数。从图中我们可以看到，上证指数在上涨过程中与上证 50 指数形成了交叉剪刀状，说明上证 50 指数强于上证指数。

我们知道，上证 50 指数中的标的股票很多都是大市值的股票，如贵州茅台、工商银行等，而上证 50 的标的股很多又同时是上证指数的标的股。这些股票的上涨对指数产生了极大影响。然而，创业板指数与上证指数呈现出明显的背离走势。相较于上证 50 成分股，创业板指数中的成分股流通市值要小得多。上证 50 成分股的上涨和创业板指数的背离表明当时的市场整体并不理想。当时的上证 50 指数上涨被称为 "漂亮 50" 指数的上扬，虽然指数看起来不错，但绝大多数股票仍在下跌。

根据我们之前讨论的牛熊市时间的相互关系，熊市往往需要持续一年以上。然而，在图 2-29 中，我们看到上证指数从前期高点 5178 开始的下跌至与上证 50 和创业板指数形成背离位置的起点，整个下跌过程不足一年。随后在上涨过程中，这些指数又形成了相互背离。很明显，在上海大盘中，上证 50 指数护盘现象非常严重。后期，我们可以看到，无论是上海大盘、深圳大盘还是创业板指数，都出现了连续阴 K 线的下跌。通过分析指数的背离，这样的风险是可以提前预防的。

如图 2-30 所示，在深证成指开始连续下跌的过程中，上证指数并未伴随着 "冬" 三月的出现。当上证指数和深圳指数的 "冬" 三月同时出现时，上证指数与深证成指的底部形成了一致性，整体市场的底部由此形成，市场开始进入新一轮牛市。

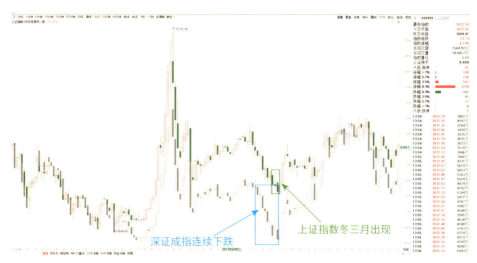

图 2-30　上证指数与深证成指月线对比图（2009 年 12 月—2023 年 1 月）

第九节　"春夏秋冬"

接下来，我们通过分析中国股市连续三十年的走势，来探讨"春夏秋冬"的轮回。

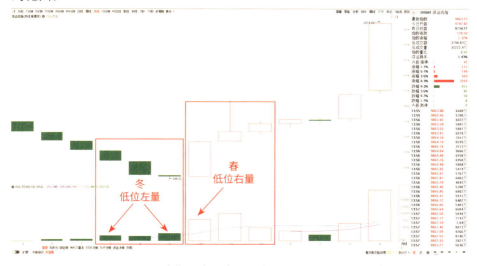

图 2-31　深证成指月线图（1990 年 12 月—1992 年 4 月）

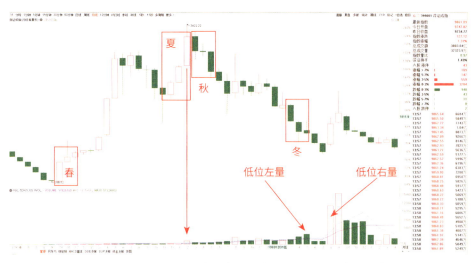

图 2-32 深证成指月线图（1990 年 12 月—1995 年 4 月）

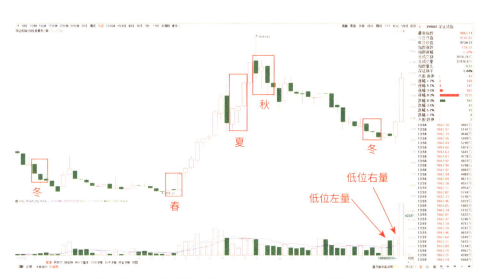

图 2-33 深证成指月线图（1993 年 12 月—1999 年 6 月）

图 2-34　深证成指与上证指数月线对比图（1998 年 6 月—2003 年 1 月）

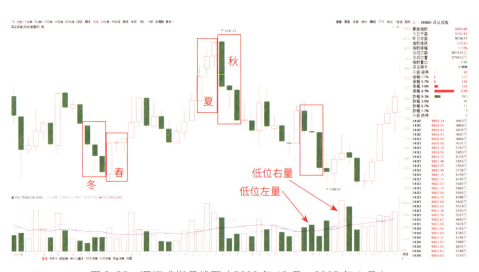

图 2-35　深证成指月线图（2000 年 12 月—2005 年 1 月）

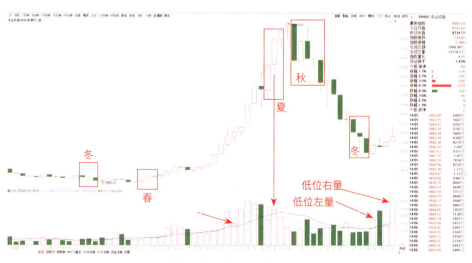

图 2-36 深证成指月线图(2004 年 4 月—2009 年 1 月)

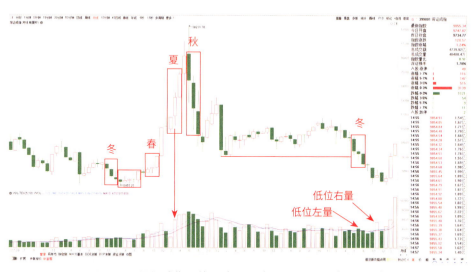

图 2-37 深证成指月线图(2008 年 2 月—2014 年 10 月)

图 2-38　深证成指月线图（2012 年 3 月—2019 年 3 月）

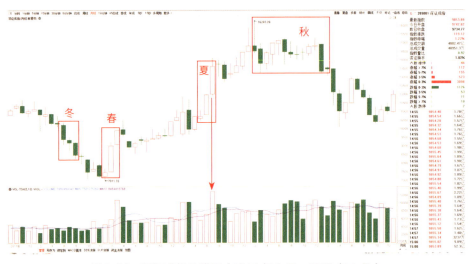

图 2-39　深证成指月线图（2017 年 9 月—2023 年 1 月）

现在，让我们对中国股市的整体走势进行一次回顾（图 2-40）：

图 2-40　深证成指月线图（1990 年 12 月—2023 年 1 月）

　　观察这三十年来的走势，我们发现 "春夏秋冬" 的轮回始终没有改变。为什么会出现这种现象呢？我认为， "春夏秋冬" 背后反映了散户在低位时的恐慌绝望、高位时的疯狂，以及人性的不变。正因如此，在股市中， "春夏秋冬" 的轮回依然会不断上演。

第十节　市场不同阶段的特征及操作策略

　　在投资领域，理解市场不同阶段的特征至关重要，因为这将帮助投资者制定更为明智的决策并降低风险。本节将深入剖析市场的各个阶段，包括熊市底部、牛市启动、市场狂热、牛市结束等，以及在这些阶段中如何采取合适的操作策略。通过了解市场不同阶段的特征，投资者可以更好地把握市场机会，避免陷阱并优化投资组合。

熊市底部的特征

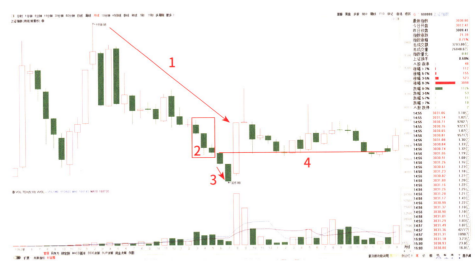

图 2-41　上证指数月线图（1992 年 4 月—1996 年 4 月）

许多投资者希望能捕捉到市场的最低点。首先要明确的是，区域底部指的是底部区域，而不是最低点。底部区域的形成需要一个过程，这个过程可能会持续很长时间。在判断市场低点时，投资者和主力机构都在寻找市场底部。由于主力资金量较大，因此建仓需要一个过程，需要战略性的投资。正如图2-41所示，从市场的"冬"季到"春"季所需的时间是不确定的。这个阶段适合大资金的机构和长线投资者逐步逢低吸纳。

对于大多数投资者来说，我们没有必要进行战略性建仓，除非资金足够多，买入股票时能影响该股票的 K 线。对于大多数投资者而言，我们买入的几千或几万股票对 K 线的变化几乎没有影响。如果投资者买在股票底部区域，往往意味着要忍受长时间反复震荡的煎熬。我的观点是在市场启动时再参与。在市场底部区域，我们可以暂时不参与，但这并不意味着我们不关注股票。

实际上，市场处于底部区域正是我们选择和分析股票的时候，以便在市场上涨时抓住主流板块。

牛市启动时的特征

经过长期的熊市和筑底之后，市场的牛市终于到来。所谓的牛市启动，是指大盘出现月线级别的连续上涨，或者在周线上形成了强势的上升趋势。这标志着未来市场的整体趋势将是上升的，市场将运行在一个基本的牛市上升趋势中。在这段时间里，投资者的股票操作策略应以买入和持有为主。

在牛市上涨期间，绝大多数股票都会上涨。在这个阶段，投资者应积极参与。有经验的投资者可以在这段时间赚取丰厚的利润，而对于初学者来说，只要适当分散风险，赚钱只是个多少的问题。这时，通常是那些主力机构已经提前建好仓位的股票借势拉升的时候，见图2-42。

图 2-42　深高速周线图（2011 年 1 月—2015 年 1 月）

在这个阶段的选股方法和买卖策略，可以参考后面讲述的中长线选股和买卖部分。

市场狂热中的特征

在市场狂热阶段，交易量明显放大，上涨速度加快，普通股民开户数量明显激增。

2007年5月10日，《三秦都市报》报道："西安一和尚用积蓄炒股，欲钱生钱做更多善事。"和尚本是六根清净之人，却也被尘世所扰，虽然他赚钱为了做善事。接下来我们看一下他开户炒股时上证指数所处的位置。

图 2-43　上证指数月线图

图 2-43 中箭头位置为 2007 年 5 月，可以看到成交量的激增。尽管后期市场还出现了一段时间的持续上涨，但从长远来看，此阶段恰恰是危险来临前的最后阶段。

当市场的狂热来临时，谁也无法预测市场最终的顶点在哪里。在这个阶段，甚至可能出现一些股票短期内疯狂上涨。这通常是短线投资者最快乐的时光。曾经我手里的六只股票在同一天同时涨停，就发生在这段时间。福兮祸所伏，当时却未意识到这个阶段正是越涨越卖、实行"倒金字塔"减仓的时机。结果，对短期快速暴利的迷恋导致了后期股指下跌中迅速的亏损。

牛市结束时的特点

图 2-44　上证指数周线图（2005 年 10 月—2016 年 6 月）

大盘在经过长期的上涨之后，若在高位连续三个月下跌或高位形成高点下降、低点下降的三根 K 线，如图 2-44 所示，往往意味着牛市结束。这种情况通常是由于长线主力不断卖出股票造成的。长线主力出场的原因一般有两个：一是认为当前市场价格过高；二是因为国家政策等原因导致主力资金面紧张。如果是前者，没有足够的下跌空间主力将不会回来；若是后者，则主力在卖出股票后需要足够的时间才可能重新回到市场。无论是下跌空间大还是调整时间长，对投资者都不利。市场主力不断卖出股票是导致市场持续下跌的原因，它标志着牛市的结束。

一旦牛市结束，市场便开始进入熊市下跌阶段，而熊市下跌时间通常为一年以上。因此，投资者在发现牛市结束时，应以观望为主。当然，对于有经验的投资者，在熊市下跌阶段也可以用少量资金进行操作。在这个阶段，我个人观点是最好不参与，当然可以用少量资金练习，但切勿上瘾，务必对自己的操作进行严格的风险控制。与其在熊市中赚赚赔赔，不如保留资金等待行情好转时寻找有主力支持的股票，跟随盈利。

第三章

顺"仕"而为，尊重主力

"仕"本义指做官。官是相对于民而言的，此处拿"仕"来代指主力，是相对散户而言。在股市中散户之所以称为散户，是因无组织无纪律没有原则。散户各怀心事，难成大事。在股票市场中，大资金的拥有者往往以机构的形式存在，在他们的组织内部往往有着严密的分工。他们往往谋定而后动，是股市中的"兴风作浪"者。相对于散户而言，主力就是武装到牙齿的狼，弱小的散户无法与主力去抗衡，只能利用主力资金大难以掉头的缺点，和主力站在同一阵营。

与前面所讲的判断大盘系统风险的趋势相比，这里讲的"仕"更注重的是个股的选择，即如何去选择有主力参与的股票，争取在个股的操作中顺应主力在不同阶段的操作特点，从而获取更大的利润。

第一节 认识主力及其运作特点

主力，是指对某只股票的走势产生足够影响力的机构（甚至个人），他们能通过买进或卖出股票来影响股票走势。

过去在股市有这么一句话，"股不在高，有庄则灵"。这里的"庄"指的就是主力。需要注意的是，主力并非仅以资金多少来定义。例如，一个亿的资金在 100 亿流通市值的股票里是主力，而在 1000 亿流通市值的股票里就不是主力。

主力掌握更多资源

主力在把握宏观政策、分析行业发展趋势，以及调研上市公司方面具有先天优势。无论是在中国还是国外，政策的制定都需要经过研究和探讨的过程。而这些主力投资者往往与上层有着千丝万缕的联系。当政策出台涉及这些投资者利益时，提前知道消息的他们便不可避免地采取买进或卖出的投资或投机行为。

主力运作的股票需要有足够的空间

主力多为机构，需要承担员工开支、房租水电、调研费用等各种成本。这些成本都需要考虑到股价中。因此，股价上涨需要有足够的空间。从主力买入到出货，如果没有 30% 的空间，主力运作就算失败。在这方面，主力与散户有所不同。散户在支付手续费、佣金之后就可以盈利，而主力需要一个完整的计划和运作过程来实现盈利。

主力往往比大众投资者拥有更多的信息优势。当他们预知会影响股价的政策、题材或上市公司基本面可能发生重大变化时，他们会在二级市场表现出买卖股票的行为。研究主力就是研究他们的买卖行为及其背后的重大变化。

许多股票都有主力参与，这些主力通过资金拉升股票以获取利润。主力的存在为股票市场注入许多活力，增添了许多生机。对于散户来说，主力可说是又令人敬爱又令人恐惧。如果跟随正确的主力，就能分享到盈利；而跟错了主力，则可能遭受损失。

因此，主力既可以是我们的竞争对手，也可以是我们的盟友。要想在股市中获利，我们必须更加了解主力，深入研究他们的操作策略。正所谓"知己知彼，百战不殆"，当我们对主力有足够的了解时，我们便更有可能赚取收益。

不同主力的运作特点

了解不同类型的主力及其运作特点对于投资者至关重要，因为这将有助于我们制定更明智的投资策略。不同的主力运作特点和周期不同，因此投资者需根据自己的投资风格和风险承受能力来选择跟随的主力。以下我们将介绍短线主力、中线主力和长线主力的特点。

短线主力运作特点

短线主力主要指在股票市场中短期内运作的资金，特指游资。他们追求短期内的快速获利。他们通常与上市公司联系较少，主要操作方法是利用政策潜在利好的内幕消息，提前几天建立一定的仓位，在利好消息公布时快速拉升股价，甚至连续涨停，根据利好的程度拉到自己想要的位置，然后很快出货。出货后，股票价格通常会大幅下跌。总的来说，涨得快，跌得快。游资由于资金有限，一般操作的股票是流通盘较小或流通市值较小的股票。

短线主力介入的股票通常可分为两种。一种是超跌反弹的，在大盘接近低点时买进一两天，然后快速拉高，待广大散户也开始抢反弹时迅速出局。另一类是炒题材概念，利用出重大利好消息前拉高吃货，或出消息后立即拉高吃货，之后继续迅速拉升，然后在利好兑现时卖出股票快速离场。

短线主力操作的超跌反弹的股票多选择经过长期下跌无人关注的股票，其特点是启动突然，事先无明显征兆，没有明显的建仓期，往往也不存在什么洗盘。游资操作的股票在整个牛市的任何时间都可能发生运作，在熊市大反弹及小反弹阶段也可能发生。游资一般借助利好的势头，吸纳中小市值股票的 10%~20% 就可以运作。游资的股票一般操作周期在 20 个交易日内，有 30~50 个点的收益就很好了。关于短线主力的内容，会在后面的"六维共振锁龙头"中讲解，适合短线爱好者提高。

中线主力运作特点

中线主力很多是私募及投资公司，他们与游资有很大的不同，做股票时有很多详细计划及方案，操作股票一般处在牛市期间或者是熊市大反弹阶段。他们大部分会对上市公司未来的基本面进行深入研究。往往可以看到明显的建仓、洗盘、拉升、调整及最后加速拉升边拉边派发的完整操作过程。这个过程往往与上市公司的一些消息配合，如建仓洗盘阶段会有利空消息的配合，在拉升及派发阶段有利好消息的配合，有些更有送转股的推出，更加方便了拉升和出货。在技术上，建仓完毕时经常会表现出来多重底或头肩底等经典的底部形态。相对游资短线操作的股票而言，中长线的股票在技术形态上多少有些端倪。

这些主力收集筹码需要一个过程，从拉升到出货一般也不会短期就结束。这样的股票多以波段涨跌的形式存在，对大众投资者而言，这是我们关注的重点，跟随中线主力的股票获得翻倍的空间是很可能的。

长线主力运作特点

长线主力通常与上市公司关系密切，甚至本身就是上市公司的大股东。他们的特点有：

1. 持股时间极长，短则半年，长的几年。他们以极大的耐心持有该股票，通常也不做高抛低吸。

2. 把筹码锁定，控盘程度（流通股）在 50% 以上。

3. 目标利润在 100% 以上，盘面常常形成较长期的上升通道。

长线主力运作特点在此处仅作为了解，不作为我们本书讨论的重点。

第二节　寻找主力的选股要点

选择强于市场的股票

我们以上海谊众为例：

在图 3-1 中，我们可以看到上海谊众（688091）在 2020—2023 年的财务状况。位于"1"的位置，2021 年的年报显示亏损超过 300 万元，并且呈现连续亏损态势。那么，作为投资者，您是否会选择这样一只股票进行中长线投资呢？让我们继续观察这只股票与大盘的对比图。

图 3-1　上海谊众的财务状况（2020 年—2023 年）

在图 3-2 中，下方倾斜向下的折线表示大盘的走势。与大盘同期对比，我们发现上海谊众（688091）在大盘持续下跌的过程中突破了该股前期的高点。在主力运作中，主力可能会制造一两天的诱骗性走势，但无法实现股价持续上涨。尤其是当该股走势明显强于大盘时，这很可能是主力在运作的结果。

图 3-2　上海谊众日线图（2021 年 11 月—2022 年 7 月）

因此，在寻找主力时，我们需要关注某阶段强于大盘的股票。

选择有量价配合的股票

除了上市公司原有股东充当主力外，通常具有主力介入的股票会在成交量方面表现出相应的特征。只有当成交量显著增加时，才有可能有新增主力进场。在图 3-2 中，我们可以看到在方框区域内出现了明显的成交量放大。

在进行选股时，投资者应关注具有量价配合特征的股票。这类股票往往具有较高的成交量和价格上涨潜力，有利于主力进场并实现盈利。在寻找主力的过程中，选择有量价配合的股票是关键的一环。

第四章

"飞龙在天"

"飞龙在天"在此指的是那些被主力高控盘且股票突破了历史高点的股票。这样的股票如同飞龙在天，没有天地的约束。这样的股票上涨可以是十倍甚至几十倍的上涨，也可以是腰斩再腰斩式的下跌。所谓"龙能大能小，能升能隐；大则兴云吐雾，小则隐介藏形；升则飞腾于宇宙之间，隐则潜伏于波涛之内"。

下面我们通过几个案例来一起学习"飞龙在天"策略的应用。

第一节　"飞龙在天"案例

实战案例分析——中潜股份

首先，我们来看一只股票的走势。如图 4-1 所示，中潜股份（300526）在 2019 年 4 月至 2020 年 4 月的日 K 线图中，我们可以看到，该股票在短

图 4-1　中潜股份日线图（2019 年 4 月—2020 年 4 月）

*ST中潜十大股东

十大流通股东

报告期：	2022-09-30	2022-06-30	2022-03-31	2021-12-31	2021-09-30	2019-06-30
股东名称		股东类型	股份类型		持股数(股)	占流通股比(%)
惠州市祥福贸易有限公司		其它	A股		615.9万	10.25
深圳市爵盟管理咨询有限公司		其它	A股		204.2万	3.40
汪凤娟		个人	A股		158.7万	2.64
朱建平		个人	A股		125.0万	2.08
张蝶		个人	A股		116.4万	1.94
叶芳		个人	A股		113.3万	1.88
汪晨虹		个人	A股		104.1万	1.73
深圳市中金蓝海资产管理有限公司		其它	A股		94.14万	1.57
邹桂英		个人	A股		70.00万	1.16
惠州市嘉瑞网络服务有限公司		其它	A股		61.08万	1.02

图 4-2　中潜股份十大流通股股东（2019 年 6 月）

短一年时间里从 10.73 元涨至 219 元，涨幅达到了 20 倍，成为近年来最耀眼的黑马。那么，这种股票具有什么特点？我们又如何发现它们呢？

图 4-2 显示了 2019 年 6 月份中潜股份前十大流通股股东的情况。其中，除惠州市祥福贸易有限公司外，深圳市爵盟管理咨询有限公司持有中潜股份流通股的 3.4%，其余大多为个人。从这张表中我们暂时无法发现什么特别之处。

接着，我们继续往下看：

十大流通股东					
报告期： 2022-09-30	2022-06-30	2022-03-31	2021-12-31	2021-09-30	2019-06-30 ∨

股东名称	股东类型	股份类型	持股数(股)	占流通股比(%)
深圳市爵盟管理咨询有限公司	其它	A股	6518万	31.92
爵盟投资(香港)有限公司	投资公司	A股	5013万	24.54
刘勇	个人	A股	1746万	8.55
孙金堂	个人	A股	97.84万	0.48
惠州市祥佳科技有限公司	其它	A股	64.85万	0.32
何楚华	个人	A股	28.65万	0.14
黄海棠	个人	A股	26.00万	0.13
吕东平	个人	A股	25.05万	0.12
刘正泽	个人	A股	19.61万	0.10
辛晓光	个人	A股	17.13万	0.08

图 4-3 中潜股份十大流通股股东（2019 年 9 月）

如图 4-3 所示，截至 2019 年 9 月 30 日，深圳市爵盟管理咨询有限公司持有该股流通盘的 31.92%，从之前的 3.4% 增至 31.92%。显然，在 6 月份至 9 月份这段时间里，该公司对这只股票进行了大幅加仓。同时，我们还可以看到另一家公司，爵盟投资（香港）有限公司，持有该公司 24.54% 的流通股。通过名字我们可以推测这两家公司是关联公司，它们合计持有了中潜股份约 56% 的流通盘，从 3.4% 增至 56%。

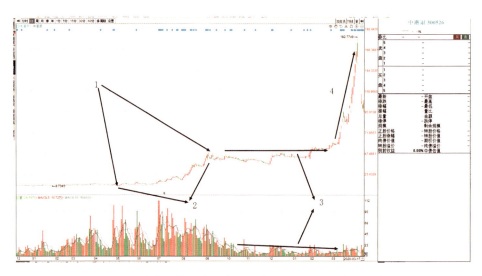

图 4-4　中潜股份日线图（2018 年 12 月—2020 年 4 月）

图 4-4 显示了股东增持期间的股价走势。从 2019 年 7 月 1 日的股价 14.5 元涨至 2019 年 9 月 30 日的 53 元（图 4-4 中"1"所示）。在这段时间里，日均换手率为 5.22（图 4-4 中"2"所示）。显然，在这家公司股价在短短三个多月上涨三倍多的过程中，爵盟公司的不断买入起到了关键作用。

该股在图 4-4 中"3"所示的位置出现了无量的长时间横盘，随后在图 4-4 中"4"所示的位置出现了短期快速的飙升。

为什么能够长期无量横盘，为什么能够在短期内出现股价的快速飙升？这应该是控盘的主力没有出局的结果。这一现象表明，主力在长时间无量横盘期间稳定控盘。而在短期内突然出现股价飙升，说明主力正在积极拉升股价，以期在合适时机获利离场。

现在我们再来看大股东的持股情况。从图 4-5 中显示的 2022 年 3 月的

图 4-5　中潜股份十大流通股股东（2022 年 3 月）

数据来看，从 2021 年 9 月爵盟进场以来一直到 2022 年 3 月份，在持有这只股票的过程中，并没有产生明显的买卖行为。如图 4-5 中报表所示，显然这是一个不做波段的长线主力，该主力控制着 50% 以上的流通盘。在股价从 8 元多涨到 182 元的过程中，可以说这家主力始终持有这只股票。

我们来看一下该股涨到 182 元之前的疯狂表现：

图 4-6 中红色方框所示，2020 年 4 月，中潜股份在大盘持续大跌的情

图 4-6　中潜股份日线图（2019 年 3 月—2020 年 4 月）

况下，短短 20 多个交易日股价翻了三倍。这就是长线主力控盘的魅力。

由此，我们可知，长线主力控盘的标准：

股价长时间无量上涨或横盘；

不受大盘指数的下跌影响。

现在我们再来看中潜股份的业绩情况：

图 4-7　中潜股份财务数据图

从中潜的主力 2019 年 9 月进场之后，该股的业绩始终在亏损，如图 4-7 所示。股价从 183 元跌到了 2022 年 6 月的最低 4.73 元。那么主力在高位是否成功出局了呢？

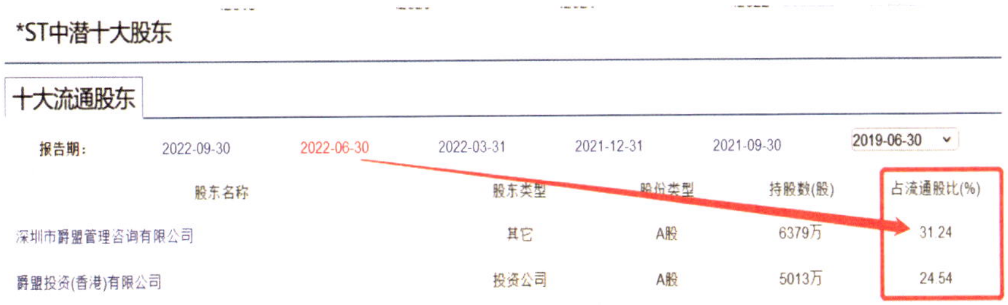

*ST中潜十大股东

十大流通股东

报告期： 2022-09-30 2022-06-30 2022-03-31 2021-12-31 2021-09-30 2019-06-30

股东名称	股东类型	股份类型	持股数(股)	占流通股比(%)
深圳市爵盟管理咨询有限公司	其它	A股	6379万	31.24
爵盟投资(香港)有限公司	投资公司	A股	5013万	24.54

图 4-8 中潜股份十大流通股股东（2022 年 6 月）

如图 4-8 所示，截至 2022 年 6 月 30 日，爵盟仍然持有 ST 中潜 55.78% 的股份，与之前几乎没有什么变化。

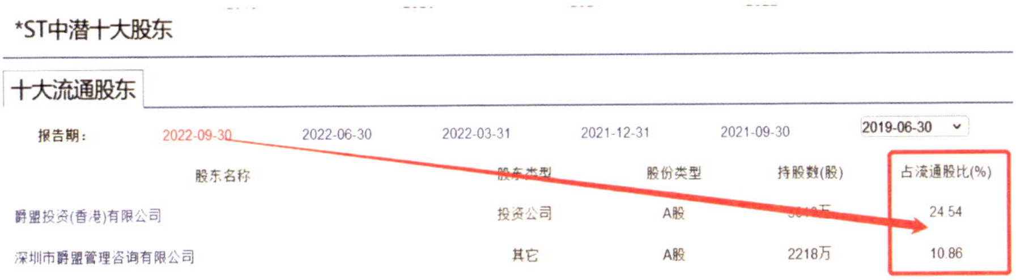

*ST中潜十大股东

十大流通股东

报告期： 2022-09-30 2022-06-30 2022-03-31 2021-12-31 2021-09-30 2019-06-30

股东名称	股东类型	股份类型	持股数(股)	占流通股比(%)
爵盟投资(香港)有限公司	投资公司	A股	[illegible]	24.54
深圳市爵盟管理咨询有限公司	其它	A股	2218万	10.86

图 4-9 中潜股份十大流通股股东（2022 年 9 月）

2022 年 9 月的中潜股份报表如图 4-9 所示，我们看到爵盟的持仓降至 35.4%，约减仓 20% 的中潜流通股。而该股的股价到了 9 月底时为 16 元。从 2019 年 7 月 1 日后，我们发现主力在 14.75 元之后大规模建仓，直到 2022 年 9 月时股价为 16 元后大幅减仓，中间股价最高涨到了 182 元，然而主力似乎只是经历了一个账面盈利的过程。

虽然我们看到了主力控盘，但最终主力也未必赚到钱。当然，这只股票从 8 元多涨到了 182 元，在这个过程中，是有足够多的机会去参与这只股票的。然而，投资者仍需保持谨慎，并学会分析主力的意图和市场环境，才能确保自己在股市中获得稳健的收益。

总结起来，要想在股市中发现并跟随长线主力，投资者需要关注以下几个方面：

1. 股价长时间无量上涨或横盘；

2. 不受大盘指数的下跌影响；

3. 对比大股东的持股情况和变化；

4. 结合公司的业绩和市场环境进行综合分析。

通过以上分析，投资者可以更好地发现和跟踪长线主力，从而在股市中获取稳健的收益。然而，需要强调的是，投资股市存在风险，投资者需根据自己的风险承受能力、投资经验和资金状况做出合适的投资决策。

实战案例分析——仁东控股

需要注意的是，现在的主力越来越狡猾，利用分仓来控盘的主力也不少。我们来看一下仁东控股的一个报道：

根据 2021 年 10 月证监会的报道（见图 4-10），2019 年 6 月 3 日至

牛散操纵市场亏27亿遭罚款500万怎么回事？事件详情始末曝光

证监会近期公布了一则行政处罚书，一名散户投资者景华，控制83个证券账户，通过两融杠杆操纵仁东控股，导致股价连续上涨后"闪崩"跌停，成交额达330亿元。景华操纵股票不仅合计亏损26.9亿元，还被证监会罚款500万元。

2019年6月3日至2020年12月29日期间（共384个交易日，简称"操纵期间"），景华控制其本人、近亲属、一致行动人、所控制的北京紫金鼎投资股份有限公司员工以及委托其投资的客户账户等共83个证券账户（简称"账户组"），交易仁东控股股票。

图 4-10 仁东控股牛散操纵市场

2020 年 12 月 29 日期间（共 384 个交易日，简称"操纵期间"），景华通过其本人、近亲属、一致行动人、所控制的北京紫金鼎投资股份有限公司员工以及委托其投资的客户账户等共 83 个证券账户（简称"账户组"），交易仁东控股股票。

注意，上面提到 2019 年 6 月 3 日至 2020 年 12 月 29 日这个时间段，我们来看这个时间段所对应的股价走势，如图 4-11。

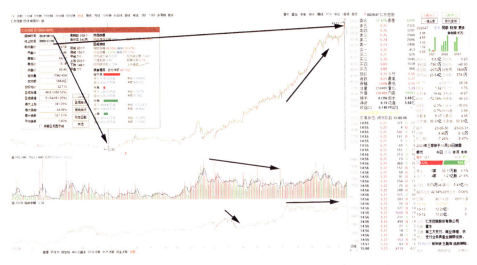

图 4-11　仁东控股日线图（2018 年 10 月—2020 年 12 月）

在图 4-11 可见该股从 13 元涨到了 63 元，翻了近 5 倍，在这个过程中我们看到了明显的股价持续上扬、成交量萎缩、完全独立于大盘控盘的走势。股价翻了近 5 倍，主力能够成功出局吗？我们来看该股后期的走势，如图 4-12。

2020 年 11 月 25 日起，该股连续跌停，从最高价 64.72 元几乎一口气跌到 6.98 元（见图 4-12）。在 2021 年的报道中，可以看到牛散景华操

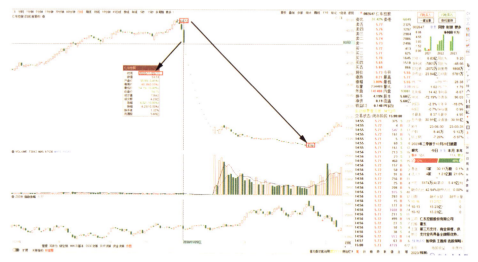

图 4-12　仁东控股日线图（2020 年 8 月—2021 年 3 月）

纵仁东控股亏损 27 亿元，还被证监会处罚 500 万元（见图 4-10）。

可见，之前股价的上涨，只不过是昙花一现。那么，在这个操作过程中，为什么主力不仅没有赚钱，反而产生巨额亏损呢？

通过图 4-13 中报道的内容，我们了解到牛散景华的具体操作手法：

经证监会调查，景华操纵"仁东控股"通过三种方式操纵"仁东控股"：一是集中资金优势和持股优势连续买卖，二是在自己实际控制的账户之间进行证券交易，三是不以成交为目的。

对于这样的乱象，证监会再次表态，要严厉打击操纵股市、股价的行为，同时景华及其代理人在听证会上的辩解（主观上没有操纵股价的意图），进行了回绝，态度非常严厉，称不具备减轻情形。

经复核，证监会认为，当事人具有操纵市场的主观意图。当事人在询问笔录中称其投资仁东控股，使股价抬升，再通过收购改善公司基本面，实现"股价先行、业绩后跟"，充分证明当事人具有拉抬股价的主观意图，也与当事人不断通过融资融券放大交易规模、股价大幅上涨的客观事实相互印证。

图 4-13　仁东控股牛散操纵市场信息

1. 利用集中资金优势和持股优势进行连续买卖。

2. 在自己实际控制的账户之间进行证券交易。

3. 采用不以成交为目的的操作手法拉抬股价。

4. 试图通过收购改善公司基本面，实现"股价先行、业绩后跟"。

从以上分析来看，主力操纵市场的过程中，尽管在短期内股价大幅上涨，但最终很难实现持续性盈利。操纵市场的行为往往带来巨大的风险，如同这个案例中的牛散景华，就因为违规操作而遭受了巨额亏损和处罚。

作为投资者，我们需要认识到，市场上存在各种各样的主力操作手法。也需要认识到，有时，主力即使在成功控盘的情况下，也不一定能赚到钱。因此，在参与股市投资时，我们应保持谨慎，遵循投资原则，不盲目跟风，以确保投资安全。

仁东控股的案例让我想起了20年前中国股市著名的"德隆案"。现在就让我们回顾一下这一经典案例：

图 4-14　新疆屯河周线图（1998 年 6 月—2004 年 4 月）

在"德隆案"中，我们以新疆屯河（600737）为例（现名为中粮糖业，见图4-14）。在德隆控盘该股期间，上涨过程中，我们可以观察到横盘突破（见图中红色箭头）、缩量上涨以及独立于大盘涨跌的走势，直至最后崩盘。

图4-15　新疆屯河与仁东控股周线走势对比图

再来比较仁东控股的走势（见图4-15），时隔20年，我们仍然看到相似的罪名、相似的突破、相似的缩量上涨以及独立于大盘涨跌的走势。

太阳底下从未有新鲜事。历史在不断重演，但并非简单地重复。在这个过程中，作为投资者，我们应该善于从历史中汲取教训，提升对股市的认知，提高自身的分析能力和技巧，避免盲目跟风，从而确保投资安全。

第二节 "飞龙在天"走势特征及风险防范

事实上，这些年来，许多涨幅超过 10 倍的超级牛股都具备一定的共同特征。以下是两个典型的例子：

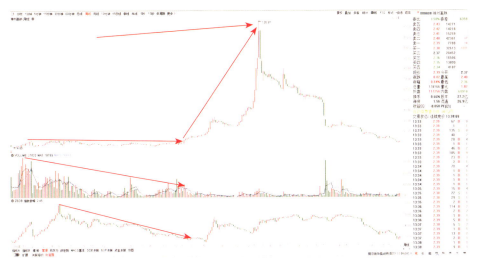

图 4-16 亿安科技（000008，现更名为神州高铁）1998 年 3 月—2004 年 1 月周线图

从图 4-16 和图 4-17 中，我们可以看出这类高度控盘股票的股价走势特点：

1. 长期强于大盘；

2. 成交量显著萎缩；

3. 股价走势总体独立于大盘的涨跌。

这些股票都曾为投资者带来暴利。然而，本章并未将其作为重点，原因在于这类股票需要与深入的基本面研究相结合。有些股票并没有业绩支持，

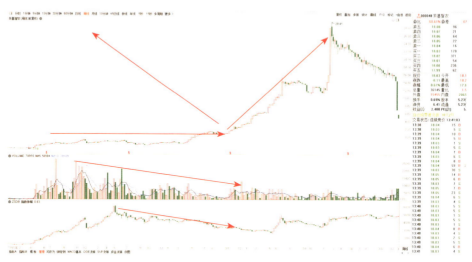

图 4-17　康达尔（000048，现更名为京基智农）1996 年 2 月—2001 年 2 月周线图

主力只是在玩空手套白狼的游戏。而某些股票的股东查询显示如果是某投资公司控股的话，这种股票就要更加谨慎，因为这些主力往往是资本运作的高手，他们经常通过控制多个账户、融资加杠杆的方式激进操作。

　　这些主力通常会通过控股一家市值较小、业绩长期不佳的公司，试图通过"改善公司基本面"，实现"股价先行、业绩后跟"，从而达到以小博大的目的。

"飞龙在天"走势股票的风险防范

　　这些主力运作的股票往往会出现成倍的增长，但一旦这个控股股东背后的以小博大的资本游戏没有成功，或者出现资金链断裂现象，就会导致这家公司控股的股票价格出现断崖式下跌。

　　当然，在市场中也有一些主力看重业绩的增长性，并长期持股，有些甚至本身就是上市公司的股东。如长春高新（000661）（图 4-18）和贵州茅台（600519）（图 4-19）。从走势上看，它们都具备过缩量持续上涨、独

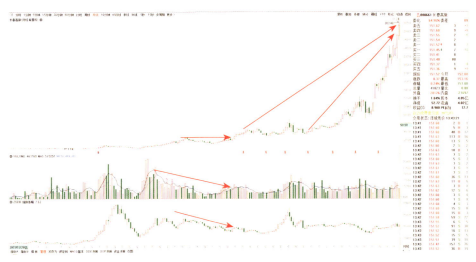

图 4-18 长春高新月线图（2003 年 2 月—2020 年 5 月）

立于大盘涨跌的走势。从公司基本面来看，它们都是上市公司自身控股、有

业绩支撑的公司。

以贵州茅台的基本面为例：

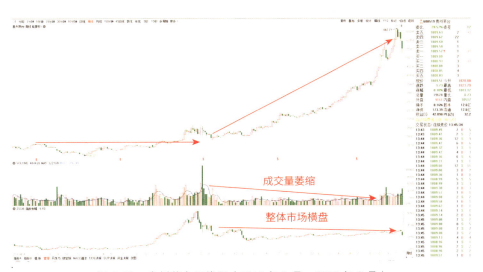

图 4-19 贵州茅台周线图（2013 年 2 月—2018 年 2 月）

通过图4-20和图4-21中2014年和2018年的数据对比，前十大股东中前四大股东的排序没有发生变化，总的持股数在2018年比2014年还要多。在这几年的时间里，控股股东非常稳定，始终在持有这只股票，并没有出现减持的行为。同时，该公司的业绩多年来也相对稳定。因此，从稳健的角度出发，我们可以更多地关注这种中长线主力控盘的股票。

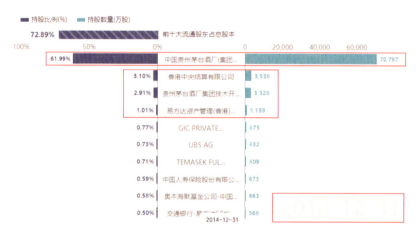

4-20 贵州茅台2014年12月前十大流通股股东持股变化

图4-21 贵州茅台2018年12月前十大流通股股东持股变化

第五章

N 形"双响炮"策略与换手率分析

第一节　换手率在 N 形"双响炮"策略中的关键作用

换手率的重要性

在股票市场中，成交量放大与缩小通常被投资者视为判断主力持仓情况的重要指标。然而，成交量的放大和缩小是相对于之前的成交量而言的。例如，北交所的某股票一天仅成交 200 股，如果第二天成交 300 股，那么相对于 200 股而言，这是成交量的放大，但这种放大没有实际意义，它的放大是因为市场交易极度低迷造成的。我们需要在成交量中分析主力进出的可能性。

无论主力资金是短线游资还是机构主力，有主力运作的股票总比没有主力运作的股票具有更多的机会。而主力运作股票时，都需要一个进场和出场的过程。尤其对于短线游资而言，这个进场和出场的过程是与大众投资者交换筹码的过程，这就需要我们对换手率有一定的了解。

关于换手率

换手率是衡量股票市场活跃程度的一个重要指标，对交易员来说，了解换手率的概念、计算方法和实际应用，对于把握市场脉络和进行投资决策至关重要。

换手率指的是在一定时期内（通常为一个交易日），市场中交易的股票数量占流通股本的百分比。换手率能反映投资者对某只股票的关注程度，以及资金的流动性。换手率高，说明该股票交易活跃，市场对其关注度较高；换手率低，说明该股票交易相对清淡，市场关注度较低。

换手率计算公式为：

$$换手率 = 成交量 / 流通总股数 \times 100\%$$

其中，成交量表示在一定时期内（如一个交易日）某股票的交易数量，流通总股数指可以在市场上自由买卖的流通股本总数。

换手率和成交量之间通常呈正相关关系，即成交量增加时，换手率也相应上升。然而，在某些情况下，A股市场可能出现成交量高、换手率低的现象。这种现象往往是由于某些大宗交易、大股东减持等特殊情况导致的。

换手率对于我们的投资决策有着至关重要的意义。以下是换手率的一些实际应用场景：

1. 结合量价关系分析市场：观察换手率、成交量和股价之间的关系，可以帮助我们判断股票的活跃程度、主力资金的进出情况以及市场氛围。

2. 发现异常信号：当出现换手率异常时，通常意味着市场中存在异常交易行为。我们需要密切关注这些信号，以便及时调整投资策略。

3. 结合其他技术指标分析市场：我们还需运用其他技术指标（如MACD、KDJ等），与换手率结合分析，以获得更客观的股票走势判断。

4. 关注市场热点：换手率可以帮助交易者识别市场热点，关注度较高的股票通常有更高的换手率。我们可以通过跟踪高换手率的股票，发现潜在的投资机会。

虽然换手率是一个有价值的分析工具，但它并不是绝对的指标。在实际操作中，需要注意以下几点：

1. 换手率不能单独作为决策依据。虽然换手率能反映股票的市场关注度和活跃程度，但它并不能直接预测股票的涨跌。因此，投资者在做投资决策时，需要综合考虑其他因素，如基本面、其他技术指标等。

2. 避免追涨杀跌。在市场波动剧烈时，换手率可能会出现快速上升或下降的情况。投资者需保持理性，避免盲目跟随市场情绪，陷入追涨杀跌的陷阱。

3. 关注市场环境。换手率受市场环境影响较大。在市场繁荣时，换手率普遍较高；在市场低迷时，换手率普遍较低。投资者需要关注市场整体情况，以对换手率进行合理解读。

下面我们通过实战案例深入了解换手率的实际应用。

图 5-1　英博尔日线图（2022 年 5 月—2022 年 8 月）

在图 5-1 中，我们可以观察到，在绝大多数情况下，换手率的柱状图与成交量的柱状图长度比例是一致的。但请注意图中"1"的位置，这里出现了细微的变化。从量价走势来看，图中"1"处出现了高位成交量放大且股价下跌，似乎是高位出货的迹象。然而，在下方的换手率柱状图中，相较于之前的柱状图，换手率反而出现了萎缩，可见，这仅仅是上升过程中的一个正常的缩量调整。

显然，观察到的现象不同，得出的结论也不同。那么，在观察分析股票时，究竟应该使用成交量还是换手率呢？

在换手率的公式中，我们可以看到，在流通盘不变的情况下，换手率和成交量呈正比关系，这就是为什么在大多数情况下成交量和换手率柱图从图形上看没有太大差别的原因。然而，换手率同时受到另一个因素——流通总股数的影响。当一只股票经过多次大比例送配后，流通盘可能增长了 10 倍。从游资运作的角度来看，过去买进 1000 万股的量可能对这只股票的走势产生一定影响。但当流通盘增长了 10 倍之后，你仍然买进 1000 万股的量，对股票价格的影响显然不大。

拿现在的成交量与之前的成交量相比会产生一个问题。如果该股经过多次送配之后，你会发现现在的成交量总是比之前的成交量大。这并非是因为主力资金的进出造成的，而是因为该股的流通盘变大所致。显然，拿现在的成交量与之前的成交量比较没有太多可比性，此时用换手率替代成交量更能反映主力的参与程度。

如图 5-2 所示，中国银行从 2022 年 3 月至 2022 年 12 月的 8 个月时间里，股票在 3 元至 3.15 元之间的狭窄空间内运行。如果从成交量的高低来看，我们很难找到原因。然而，如果从这只股票的换手率来看，8 个月的

图 5-2　中国银行日线图（2022 年 3 月—2022 年 12 月）

时间里，换手率仅为 10.25%，平均每天换手率仅为 0.06%。这种极低的换手率无法容纳主力资金的参与，这是导致这只股票长期不活跃的根本原因。只有活跃的股票才有主力参与的可能，而换手率是判断一只股票活跃程度的重要指标。

综上所述，在分析股票时，换手率比成交量更具参考价值。换手率不仅能反映股票的活跃程度，还能揭示主力资金的参与情况。因此，在观察和分析股票时，应重点关注换手率，并结合其他技术指标，以更全面地了解股票的实际情况。

换手率的六个级别

为了帮助大家更清晰地了解股票的活跃程度和投资风险，我们通常把换手率划分为六个级别。通过将换手率划分为不同的级别，我们可以更直观地比较不同股票之间的活跃程度。此外，这种分级方法还有助于投资者根据自身的投资风险承受能力和偏好，选择合适的股票进行投资。

需要注意的是，这六个级别仅作为一方面的参考，而在实际应用中，投资者还需要考虑流通盘的大小和上市时间的长短等其他因素。一般来说，流通盘较大的股票换手率标准可以降低；新股的换手率要求会比老股的换手率要求高。在实际操作中，投资者应结合多种因素进行具体分析，以更准确地评估股票的活跃程度和主力资金的参与情况。

1. 换手率 <3%：非常不活跃

在这一级别下，股票的交易量非常低，表明市场对该股票的兴趣不高。投资者在这类股票中可能面临较大的流动性风险，同时股价波动可能较小。

2. 换手率 >3% 且 <5%：不活跃

这类股票的换手率略高于非常不活跃的股票，但仍然较低。市场对这些股票的关注度有限，投资者在交易这些股票时应谨慎。

3. 换手率 >5% 且 <15%：活跃

此级别的换手率表明股票市场参与度较高，流动性较好。投资者可以关注这类股票，同时要结合其他技术指标和基本面分析来评估股票的投资价值。

4. 换手率 >15% 且 <30%：非常活跃

这一级别的股票换手率较高，说明市场对该股票的兴趣较大，可能存在较多的交易机会。然而，投资者应注意在高换手率的情况下，股价波动可能加大，风险也相应增加。

5. 换手率 >30%：异常活跃

在这一级别下，换手率极高，表明市场对该股票的关注度极高，可能存在激烈的资金竞争。投资者应谨慎参与，控制风险。

6. 换手率 >50%：妖股

此类股票的换手率超过 50%，通常伴随着极端的股价波动。这种情况下，投资者需格外小心，因为这类股票往往存在极高的风险。

总结：在不同级别的换手率下，投资者应根据股票的活跃程度和市场参与情况来调整投资策略。

低换手率（低于 5%）的股票交易不活跃，可能面临较大的流动性风险和较小的股价波动。在这种情况下，投资者可以选择观望或寻找其他具有较高换手率的股票。

对于活跃和非常活跃的股票（换手率在 5% 到 30% 之间），投资者可以关注这些股票并结合其他技术指标和基本面分析来评估其投资价值。然而，应注意在高换手率的情况下，股价波动可能加大，风险也相应增加。

对于异常活跃的股票和妖股（换手率超过 30%），投资者在参与时应格外谨慎，控制风险，并密切关注市场动态。

在实际应用中，投资者应结合换手率、流通盘大小和上市时间等多种因素来分析股票的活跃程度和主力资金的参与情况。此外，投资者还需关注公司的基本面、行业趋势以及市场环境等多个层面，以制定全面的投资策略。

需要注意的是，有两种值得关注的异常情况：

1. 长期上扬，筹码锁定

图 5-3　贵州茅台周线图（2016 年 1 月—2018 年 2 月）

贵州茅台在这些年里一直被视为价值投资的典范。在图 5-3 中，我们看到当股价从 99 元上涨至 700 元（图 5-3 中的"1"位置）时，尽管有很多人曾经买入，但真正能够长期持有的人却相对较少。

那么如何才能长期持有呢？观察图 5-3 中的"2"，我们可以看到 107 周累计换手率仅为 145%，平均每周换手率为 1.36%。这表明，在股价上涨过程中，筹码锁定非常稳定。对于这样的股票，若将图 5-3 中位置"3"的成交量变化作为买卖依据，参考价值可能有限。

这类股票的价格可能会在高位横盘，投资者可以关注横盘之后的趋势选择。只要中期趋势没有完全恶化，中长线投资者便可以考虑逢低吸纳，持股为主。这类股票的业绩优秀，并具有支撑未来股价上涨的成长性，在经历调整后往往会再创新高。

2. 持续低迷，无人关注

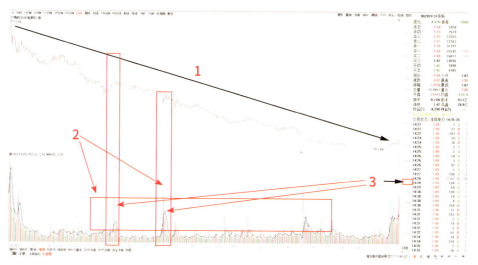

图 5-4　ST 易购（002024，原苏宁电器）日线图（2020 年 7 月—2022 年 12 月）

关注量价关系的投资者通常会将低位成交量放大视为主力进场的标志。在图 5-4 中，苏宁易购的股价从 12 元跌至 6 元附近（图 5-4 中的"1"位置），成交量在图 5-4 的"2"位置出现了两次明显放大。然而，放量之后股价从 6 元多再次跌至 3 元多。而通过观察图 5-4 中"3"位置的换手率，我们可以看到，所谓的两次低位放量，换手率最高仅为 2.2%。显然，这样的换手率不足以构成主力资金的建仓，这正是股价在后期再次长时间下跌的原因。

可见，长时间低换手率的个股往往陷入长期低迷的行情，此时投资者不宜介入。

主力参与的换手率特征

5% 至 30% 的换手率是主力参与的重要特征，值得我们关注。特别是要关注长期低位低迷后的高换手率。如果个股在长时间低迷后出现高换手率，且较高的换手率能够维持几个交易日，通常可以视为新增资金介入的明显迹象。

警惕高换手后的下跌

高位反复出现高换手率，需要警惕随后下跌。因为这可能意味着在高位出现了主力的出货迹象，投资者应该密切关注这种情况。特别是在一段时间内，个股连续出现多次高换手率并随后下跌，这通常暗示股票可能面临更大的调整压力。

图 5-5　众生药业日线图（2022 年 9 月—2023 年 2 月）

在图 5-5 中，众生药业红色方框内短短 10 个交易日的换手率高达 178%，平均每天换手 17%。高位出现高换手率，一旦股价走弱，我们要警惕主力出局后期股价持续下跌的风险。

长时间高换手率的股票，多数情况下是持仓较重的机构因无法出局而采取对倒的办法来吸引跟风盘所致，如图 5-6 中的"1"。对于这种高换手率的票一旦股价走弱，需要防范主力出局后股价长期下跌的风险，如图 5-6 中

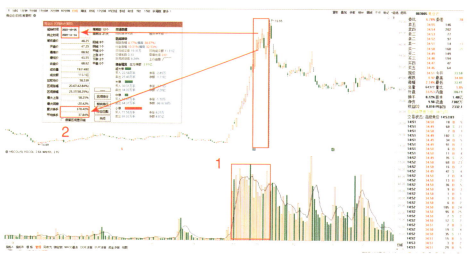

图 5-6　竞业达日线图（2022 年 4 月—2023 年 2 月）

的"2"位置，该股 10 天换手率高达 367%，平均每天换手 36%，这种股票一旦走弱，建议尽早撤离。

这种高换手率的情况也经常发生在新股的涨停板打开的时候，如：

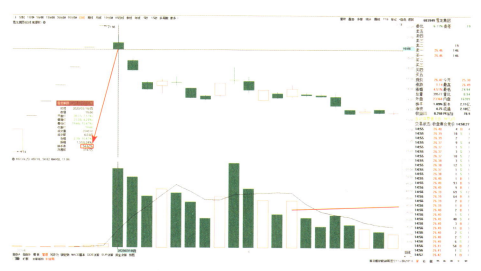

图 5-7　雪龙集团日线图（2020 年 3 月—2020 年 4 月）

如图 5-7 所示，雪龙集团（603949）新股上市连续涨停，涨停板打开的时候，换手率单日高达 54%，且股价跌停。这种情况也是要小心的，一般后期都会持续下跌。当然，万事都有例外，如果新股涨停板打开，高换手之后不跌反涨，那又是我们关注的对象。关于这点，我们会在后文进一步阐述。

该跌不跌必大涨的高换手

注意，在这里讲的"该跌不跌必大涨"是强调它的成功概率大，但股市没有什么绝对的事情，在应用大概率的方法的时候还是要防范小概率的大风险。

图 5-8　顺控发展日线图（2021 年 3 月—2021 年 5 月）

我们来看一下图 5-8 顺控发展的案例，顺控发展作为一只新股连续涨停之后，在 3 月 16 日单日换手 68.9%。然而当天股价不跌反涨，第二天持续大涨，说明这个位置的高换手，很有可能是主力的一种拉高建仓的行为。

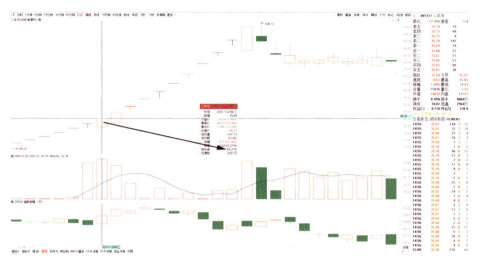

图 5-9 三羊马日线图（2021 年 12 月—2022 年 1 月）

再来看图 5-9 三羊马的案例，三羊马也是新股在连续的一字板涨停之后，在 12 月 8 日，单日换手高达 82%。这种高换手是之前持有这只股票的人在此卖出，还是说新的主力在此介入？通常高位的高换手是一种危险的征兆，往往后期会产生下跌，但该股第二天低开高走，以全天 20% 的振幅走势收于涨停板，说明主力在此做的是拉高建仓。随后该股连续涨停。

综上所述，投资者在关注换手率时，应重点关注 5% 至 30% 的换手率区间，特别是在长期低位低迷后出现的高换手率。同时，要警惕高位反复出现高换手率后的下跌，尤其是在新股涨停板打开后出现的高换手。在实际操作中，结合个股的基本面分析和技术分析，可以更有效地把握股票的走势。

反转形态的共性

很多书籍都在讲述股票形态，例如双底形态、头肩底形态等等（关于这些基础图形，读者可以自行搜索了解，在此略过）。其实在形态分析中，有几个重要因素：

    1. 可供反转的趋势；

    2. 形态中的量价关系；

    3. 突破颈线位；

    4. 突破颈线位之后的量度升幅。

关于这四点，我的观点是形态本身并不重要，重要的是看到形态背后主力的运作。对于具体形态的理解，可供反转的趋势指的是在前期没有主力参与的股票中，新主力入驻之后上涨的空间相对较大；量价关系反映的是主力的建仓过程；突破颈线位意味着上升趋势已经形成，该股走势在市场中表现强势；之所以会有量度升幅，是因为主力拉升的空间高于建仓的空间。

因此，在分析股票形态时，投资者应重点关注形态背后主力的运作，并结合量价关系来判断主力的建仓过程。在突破颈线位后，关注股票是否有量度升幅，以判断主力拉升的空间是否高于建仓的空间。通过综合考虑这些因素，投资者可以更好地把握股票走势，从而做出更明智的投资决策。当然，在实际操作中，结合个股的基本面分析和技术分析，可以更有效地把握股票的走势。

第二节　N 形 "双响炮" 的基本形态

这里讲的 N 形 "双响炮"，是指主力的建仓形态，这个 "N" 字形是由主力建仓的第一波上涨、洗盘的下跌和再次拉升的第二波上涨共同构成。

所谓 "双响炮" 强调的是两波上涨的力度，通常该形态上涨的力度大，在两波的上升中伴随着涨停或者是长阳线，且成交量出现明显的放大。在两波上涨中，回调的空间小，时间短。第二波上涨突破第一波上涨的高点，往往标志着建仓的完毕，N形"双响炮"形态就此完成。

N形"双响炮"模型常用于捕捉主力建仓、洗盘和拉升的股票走势。在关注这类走势时，我们需要关注以下四点：

1. 长期弱于大盘，无主力关注；

2. 股价持续上扬，伴随成交量放大，关注涨幅力度；

3. 股价回落，成交量明显萎缩，形成缩量洗盘；

4. 股价再次连续大涨，成交量持续放大，完成建仓并开始拉升。

下面，我们将通过江苏北人（688218）的案例分析这四个步骤：

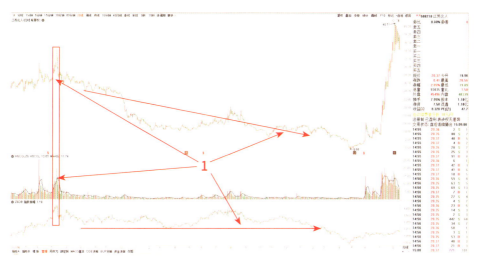

图 5-10　江苏北人日线图（2020 年 4 月—2022 年 8 月）

1. 长期弱于大盘，没有主力关注

江苏北人在高位放量，股价长期为下跌走势，明显弱于大盘，如图5-10中的"1"所示。这说明该股高位放量是主力出货，由于缺乏主力关注，股票走势长期弱于大盘。

　　如果一只股票的股价，已经被主力从 5 元运作到了 20 元，在主力获利已经非常丰厚的情况下，这只股票的股价未来怎么走就很难去确定。我们需要寻找的是有新的主力入驻的股票，因为新的主力入驻的股票股价尚未经过大幅操作。如果能够介入，并相对接近其成本区，风险会相对较小。

2. 主力开始建仓

图 5-11　江苏北人日线图（2020 年 7 月—2022 年 6 月）

　　低位成交量放大，股价走势开始明显强于大盘，如图 5-11 中的"2"所示。这说明江苏北人有主力入驻的可能性。注意，不要一看到低位成交量放大就立即跟进，因为主力在低位建仓往往需要一个过程。这时候，我们得出的"主力建仓"结论仅是一种推测。只有当后期股价走势明显强于市场时，我们才能确定这只股票有主力入驻，但此时仍非普通投资者进场的最佳时机，我们需要等待主力发出拉升股价的信号。

3. 洗盘

　　在前期主力建仓后，如图 5-12 中的"2"所示，该股出现了两次明显的

图 5-12　江苏北人日线图（2021 年 12 月—2022 年 7 月）

洗盘。主力洗盘有两个目的：首先，通过高抛低吸降低自身的持仓成本；其次，通过反复震荡消耗高位被套者的耐心，以便让其产生逢高卖出的想法，为拉升期筹备更多筹码。

通常，在低位建仓阶段，主力会进行反复洗盘以收集更多筹码。此时如果跟进，投资者需要有足够的耐心。很多投资者往往在反复震荡之后选择卖出，最终白忙活一场，十分遗憾。

4. 拉升

主力在建仓期希望获得低价筹码。当开始建仓时，左手是股票，右手是资金，主力的运作可以说是左右逢源。如果投资者也去买股票，此时就是和主力争夺筹码，主力抢不到低位筹码而手中又有筹码时，有时会选择卖出。当手中有股票的人愿意卖出，而其他投资者不愿去抢筹码时，主力才能获得更多筹码。这就是为什么股民会发现一个奇怪的现象：拿着股票不涨，一卖出就涨。

主力建仓就像怀孕一样。在怀孕 3 至 4 个月时，即刚开始建仓时，如果不想要，流产并非难事。而在怀孕 8 至 9 个月时，想不生都不行。当主力获得大量筹码后，就像怀孕 8 至 9 个月，此时对主力来说反而是最危险的时刻。通常，主力会在此时快速拉升股价，使股价迅速脱离成本区。进入拉升期的标志是股价强势突破之前建仓的高点，如图 5-12 中的 "3" > "A"。

5. 拉升空间的测算

图 5-13　江苏北人日线图（2022 年 3 月—2022 年 9 月）

图 5-13 的 "A" 区为主力建仓区间。因为主力资金量大，买入必然导致股价上涨，主力不可能在最低点获得足够筹码。实际上，在 "A" 区我们可以看到更多的成交量集中在相对高位。因此，从低点到高点的整个 "A" 区间预测是拉升空间。如果未来进入拉升期时，上涨空间不能超过建仓空间，则往往意味着主力运作的失败。因此，理论上，拉升空间会大于建仓空间。

第三节 N形"双响炮"的注意事项

1. 建仓的"第一响"高度不宜过猛。如果过猛，可能导致股价一步到位的走势（关于这个内容，请参阅后续章节的"火箭发射"，此处略过）。

2. 缩量洗盘的幅度不宜过深。通常情况下，缩量洗盘不会抵消建仓阶段的涨幅。除非在抵消过程中散户不敢买入，这往往是因为出现了大盘的暴跌、行业或该股的利空等因素导致的。请参考图5-14。

在图5-14中，"1"处的建仓后，在"2"处的下跌过程中，大盘出现了加速下跌。而"2"处的阴线抵消了前期的低点，但由于市场处于暴跌中，投资者通常不敢轻易抄底，因此这种现象也是可以接受的。通过这个例子，我们可以看出，在主力洗盘时，我们很难确定最低点在哪里，所以我们最好把握图5-14中"3"处向上突破的时机。

3. 突破前期建仓高点的成交量不一定比建仓时期的成交量大。通常在突

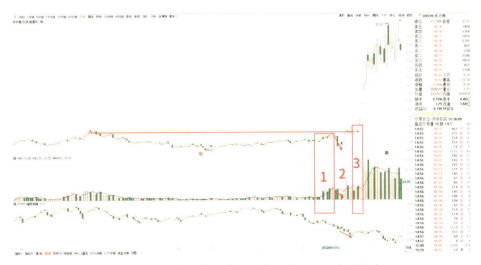

图5-14 依米康日线图（2021年6月—2022年3月）

破建仓区间高点时都会产生放量，如果此时的成交量比之前建仓时的成交量少，这也是正常现象。尤其是在大盘连续下跌时，表明该股上涨意愿强烈，主力已具备一定的控盘能力。如图 5-14 中的 "3" 所示。

第四节　N 形 "双响炮" 的实战案例

图 5-15 中我们可以看到 "1" 的位置，股价长期横盘，而在同期大盘是上涨的，说明这个阶段该股缺乏主力的运作。在 "2" 的阶段出现了连续放量的持续上涨，且走势明显强于大盘，说明主力进入建仓的区间。在 "3" 的位置股价回落，成交量明显萎缩，标志着进入洗盘期。

图 5-16 中 "4" 的位置，股价回到了前期高点止跌，出现了成交量的明显萎缩，洗盘迹象明显。随后在 "5" 的位置，大盘在下跌，而该股以缩量的形式创出了前期的高点,标着主力手中的筹码已经达到了控盘的程度,上涨意愿强烈。

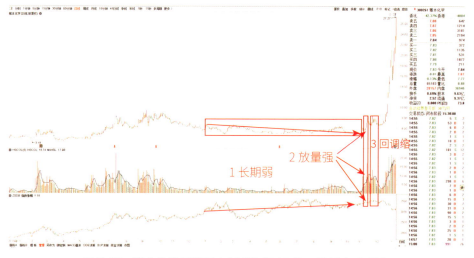

图 5-15　雅本化学日线图 1（2019 年 12 月—2022 年 2 月）

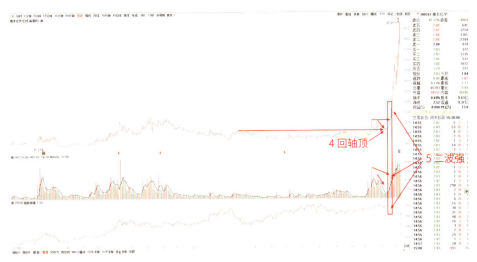

图 5-16　雅本化学日线图 2（2019 年 12 月—2022 年 2 月）

小结

Ｎ形"双响炮"模型是一种寻找主力建仓、洗盘和拉升的股票的交易策略。通过分析股票的长期表现、成交量、股价走势等因素，投资者可以更好地理解主力的意图并据此制定投资策略，在操作中投资者需要关注以下四个步骤：

1. 寻找长期弱于大盘且无主力关注的股票；　2. 观察股价持续上涨且成交量放大的情况，初步判断主力建仓；　3. 关注股价回落、成交量萎缩的情况，以了解主力洗盘过程；　4. 确认股价再次大涨、成交量放大的情况，判断进入拉升期。

投资者在运用Ｎ形"双响炮"模型时，应具备足够的耐心和信心，理性分析股票的走势。此外，投资者还需要关注主力的建仓和拉升空间，以确保自身投资策略的成功。在实际操作中，投资者应谨慎决策，控制风险，以期获得理想的投资回报。

第六章

六维共振锁龙头

龙头，即市场龙头，指短期内大幅上涨并能带动市场情绪的股票。龙头股的产生并非预测的结果，而是市场合力选择的结果。本章将从六个角度阐述这种市场合力的形成。

关注市场龙头的原因如下：

1. 只要行情不太糟糕，市场总会出现短期暴涨的股票，龙头股是短期暴利的源泉。

2. 龙头股是市场风向标，如果在龙头股上无法盈利，其他股票也难以盈利。

3. 龙头股票往往会有二波行情。

4. 龙头股票见顶时通常会有第二次逃命机会（注意：涨幅最大并非龙头，能带动市场人气的股票才有可能成为龙头）。

5. 游资操作的股票常常具备二波行情。

6. 当前市场有 5000 多只股票，选股难度在于同期一个方法选出过多股票，从而难以决策。寻找市场龙头可以有效缩小选股范围。

市场龙头大多由游资操作形成，若想在市场中提高资金增长速率，必须了解游资的操作手法。

本章主要针对短线操作，对投资者在技术、心态和时间上都有一定要求，仅适用于部分投机客。适合短线操作的投资者需要满足以下条件：

1. 喜欢短线操作，有时间观察盘面；

2. 能提前做好准备，制定交易计划；

3. 观察盘面的目的不是关注股价涨跌，而是尊重市场；

4. 严格遵守纪律，克服人性弱点，忘却自我，做到心中无我无股。

所谓"六维共振"，是从六个角度来分析、判断可能出现的龙头。

一、游资喜好的黑马摇篮

通常连续涨停的股票是游资参与的标的，那么我们就需要了解游资的喜好，了解什么样的股票才是他们愿意参与的股票。

游资的资金其实不多，只是他们的操作风格偏于短线。因此他们更喜欢小盘股，相对而言 10 亿至 40 亿市值之间的股票是他们的首选。

相对于一些大的机构而言，游资的资金规模并没有太大的优势，如果该股中有其他机构的参与，那么游资在拉升股价的时候容易引发其他机构的卖出而导致股价受压。因此他们在选择股票的时候会考虑在这种股票中机构参与的情况，选择机构参与的少的个股。

同时，游资参与的股票往往业绩并不理想，业绩好的早已经被其他的机构关注了。

二、一呼百应的题材

游资参与的股票往往不是机构关注的标的，因此游资的对手盘也不是机构而是普通的散户。游资把一只股票的价格拉起来不是因为看着散户在高位套得难受，而是他们接过散户手中的筹码后相信在高位能够重新卖给散户。

手中有资金买进、拉升一只股票并不难，难的是高位的卖出，这是游资唯一无法完全掌控的环节。而能否在高位成功出局，则取决于大众投资者是否愿意在高位接货。而他们之所以愿意在高位接货，是因为相信可以在更高的位置卖出。

游资参与的股票往往拥有故事，这个故事就是题材。

一个好的题材需要具备以下特点：

1. 题材需要具有想象空间。

2. 题材需要有人气。

3. 题材需要具有突发性。

4. 题材具有一定的模糊性。

三、群雄争霸的板块效应

一个题材能否正真的一呼百应，事前的推断不能代表事实，最终还是要看市场的认可程度，看能否形成市场的热点。

一个英雄的团队是以集体的形式表现，一个题材的产生是否能够真正得到市场的认可，也需要看这个题材中多只股票的共同表现。

英雄来自集体，黑马来自黑马的团队。

四、"见龙在田"的位置

一只股票的涨跌是买卖双方共同力量的结果。就卖方而言，它包含着短线的获利盘和解套盘两股卖压。"见龙在田"指长期套牢盘经过市场的消耗，已经逐渐被市场消化，短期突破了压力区的位置。此位置新进仓的买盘仅面临短线获利盘卖压。故此位置如果能够通过短线的快速上涨增强短线获利盘的持股信心时，市场的卖压反而较小。

此位置是短线爱好者必须要关注的位置。

五、"二级火箭"的量能

连续涨停的股票往往是游资参与的结果，而谈到游资的参与就需要有游资参与的可能。一只股票的量能过小，主力则难以参与。"二级火箭"强调的是连续拉升，采用拉高建仓的方式。

通常主力是以潜伏的方式逐步建仓，其看中的是成本而不是时间。当主力拉高建仓的时候，说明主力需要在有限的时间里面抢到足够的筹码，这种情况往往是因为近期的潜在利好公布，甚至是具有想象力的事件突然发生，这种建仓的方式往往拉升的空间大。

六、舍我其谁的龙头地位

市场的龙头股经常同时具备以上多个甚至是全部特征，同时又能够领涨于板块。

第一节　黑马摇篮：寻找潜在黑马

黑马在哪里？

首先，我们来观察一只股票的基本面情况：

图 6-1 展示了某股票的业绩，2020 年报微盈利 901 万元，随后的报表均呈现持续亏损。从每股收益看，2022 年 9 月该股亏损 0.24 元，较 2021 年同期亏损更多，呈现亏损加剧趋势。

图 6-1　某股票财务指标情况

图 6-2　某股票股东人数及人均持股情况

接着，我们观察上述公司的股东人数。我们知道股东人数减少意味着筹码集中。图6-2显示，该股股东人数未见明显减少，最重要的是人均持股金额在3万到4万元之间。按照每人平均持股5只计算，持有该股票的投资者人总资金约为十几万元，反映出这是一只业绩一般的散户盘股票。

现在，我们来看看该股票的走势图：

图6-3　西安饮食日线图（2022年4月—2023年1月）

图6-3显示，西安饮食（000721）从2022年10月中旬开始启动。第一波从3.80元涨至11.48元，股价翻倍用时不到一个月。第二波从7.33元涨至22.35元，股价再次翻倍，也用时不到一个月。这就是2022年年底的西安饮食走势。

我们看到了西安饮食的"黑马奔腾"，但大多数股民是否会关注一只业绩一般、以散户持仓为主的股票？答案是不会。

再来看另一只股票：

图 6-4　某股票股东人数及人均持股情况

图 6-4 显示该股股东人数基本保持在 1 万多户，无明显减少趋势。人均持股市值最高时为 8.06 万元，人均总资金按 5 只股票计算，不到 50 万元，可见这也是一只散户盘股票。

图 6-5　某股票机构持股汇总

图 6-5 显示该公司机构持股家数最多时为 2021 年年报，随后递减。

十大流通股东　　安亲儿的老师人均持股

2023-09-30　2023-06-30　2023-03-31　2022-12-31　2022-09-30　变化趋势

前十大流通股东累计持有：4253.89万股，累计占流通股比：34.89%，较上期增加990.23万股

机构或基金名称	持有数量(股)	持股变化(股)	占流通股比例	变动比例	股份类型	持股详情
曹瑄	1332.78万	不变	10.93%	不变	流通A股	点击查看
王建青	760.32万	不变	6.24%	不变	流通A股	点击查看
新余善思投资管理中心(有限合伙)-善思君汉2号私募证券投资基金	453.24万	-140.43万	3.72%	-23.65%	流通A股	点击查看
信达证券-付文-信达证券安源1号单一资产管理计划	424.16万	不变	3.48%	不变	流通A股	点击查看
王金禄	287.71万	新进	2.36%	新进	流通A股	点击查看
林芸	234.99万	新进	1.93%	新进	流通A股	点击查看
徐文利	234.26万	不变	1.92%	不变	流通A股	点击查看
朱清德	193.80万	42.65万	1.59%	28.22%	流通A股	点击查看
深圳前海富景基金管理有限公司-富景轩沅私募证券投资基金	179.74万	新进	1.47%	新进	流通A股	点击查看
陈天奇	152.89万	新进	1.25%	新进	流通A股	点击查看
较上个报告期退出前十大流通股东有						
陈云途	124.78万	退出	1.57%			
陈春英	77.86万	退出	0.98%			
廖智刚	56.98万	退出	0.72%			
刘红伟	45.00万	退出	0.57%			

图 6-6　某股票前十大流通股股东情况

图 6-6 展示了该股前十大流通股股东的具体情况。截至 2022 年 9 月份，图 6-6 中“1”所示为该股流通股的大股东，以个人为主，机构持仓 3 家。且机构持仓的第三大股东减持了 23%（见图 6-6 中“2”）。其中，除第一股东持仓比例超过 10%，其他股东相对持股较少，是一只典型的机构减仓的散户盘股票。

再看该股近年的财务状况：

科目\年度	《	2022-09-30	2022-06-30	2022-03-31	2021-12-31	2021-09-30
成长能力指标						
净利润(元)		-1.54亿	-8654.92万	-2804.21万	-302.95万	1000.53万
净利润同比增长率		-1634.83%	-290.58%	-162.86%	93.53%	129.44%
扣非净利润(元)		-1.68亿	-9279.89万	-3288.65万	-1771.40万	15.55万
扣非净利润同比增长率		-107924.80%	-340.22%	-180.36%	66.17%	100.40%
营业总收入(元)		6.74亿	4.91亿	2.80亿	11.86亿	8.14亿
营业总收入同比增长率		-17.17%	-21.01%	-18.97%	-5.67%	11.76%
每股指标						
基本每股收益(元)		-0.7200	-0.4100	-0.1300	-0.0200	0.0600
每股净资产(元)		4.73	5.04	5.32	5.44	5.02

图 6-7　某股票近几年的财务指标

图 6-7 显示该股长期亏损，盈利时也仅为微盈。每股收益在 2021 年 9 月为 0.06 元，2022 年 9 月则为亏损 0.72 元。

再看该股的走势：

图 6-8　安奈儿日线图（2022 年 7 月—2023 年 2 月）

图6-8显示该股从2022年11月18日8元多启动，最高涨至29.62元。其间股价翻倍用时不到一个月。这只股票名为安奈儿（002875）。

事后，我们看到了安奈儿的“黑马奔腾”，但在11月份如果你看到这只业绩亏损、机构减仓、散户持仓的股票，你会考虑吗?

显然，黑马存在，缺乏的是发现黑马的眼光。

那么这样的股票多吗?让我们继续通过案例来分析。

案例一：神奇制药

十大流通股东

2023-09-30　2023-06-30　2023-03-31　2022-12-31　2022-09-30　变化趋势

前十大流通股东累计持有：2.88亿股，累计占流通股比：53.98%，较上期减少436.91万股

机构或基金名称	持有数量(股)	持股变化(股)	占流通股比例	变动比例	股份类型	持股详情
贵州神奇投资有限公司	1.21亿	-1064.00万	22.59%	-8.10%	流通A股	点击查看
贵州迈吉斯投资管理有限公司	8800.19万	不变	16.48%	不变	流通A股	点击查看
张之君	4000.78万	不变	7.49%	不变	流通A股	点击查看
文邦英	2417.87万	不变	4.53%	不变	流通A股	点击查看
黄春妹	413.40万	新进	0.77%	新进	流通A股	点击查看
黄玉瑜	330.00万	新进	0.62%	新进	流通A股	点击查看
张沛	270.77万	不变	0.51%	不变	流通A股	点击查看
黄可悦	206.60万	新进	0.39%	新进	流通A股	点击查看
UBS AG	165.53万	50.20万	0.31%	43.53%	流通A股	点击查看
顾鹤和	152.32万	新进	0.29%	新进	流通A股	点击查看

较上个报告期退出前十大流通股东有

图6-9　神奇制药2022年9月前十大流通股股东

图6-9显示神奇制药（600613）的前十大流通股股东多为个人，且前十大流通股股东的持仓量在9月30日报表中比上一期减少了436万股。

图 6-10　神奇制药机构持仓情况

图 6-10 显示了神奇制药（600613）的主力持仓情况。从持仓家数来看，持仓机构家数不足 10 家。从总的持仓量来看，2022 年三季度主力持仓量根本就看不到，说明持仓微不足道。

图 6-11 显示，虽然从神奇制药（600613）2022 年三季度的主力持仓来看，持仓的机构为三家，其中非基金机构的持仓比之前减少了 1000 多万股。但我们可以看到非基金机构持仓的柱状图这些年几乎没有什么变化。这种情况一般是因为上市公司本身或者与上市公司关联度很高的机构持有大量流通盘所致，这也是我们需要注意的。例如，上市公司自身持有本公司流通股 50%，通常情况下它是不卖出的。如果上市公司的流通盘显示为 50 亿，那可能在市场上真正可供流通的也就 25 亿，这是在实战过程中需要考虑的因素。

神奇制药 最新动态 公司资料 股东研究 经营分析 股本结构 资本运作 盈利预测

600613 新闻公告 概念题材 主力持仓 财务分析 分红融资 公司大事 行业对比

机构持股汇总 机构持股明细 被举牌情况 IPO获配机构

机构持股汇总

主力进出\报告期	2023三季报	2023中报	2023一季报	2022年报	2022三季报
机构数量(家)	5	12	6	8	3
累计持有数量(股)	2.13亿	2.13亿	2.15亿	2.16亿	2.10亿
累计市值(元)	16.47亿	14.30亿	16.26亿	17.82亿	10.92亿
持仓比例	44.35%	44.40%	44.82%	45.17%	43.88%
较上期变化(股)	-25.90万	-199.91万	-166.20万	618.01万	-1014.38万

基金持仓比率与股价比较 非基金持仓比率与股价比较

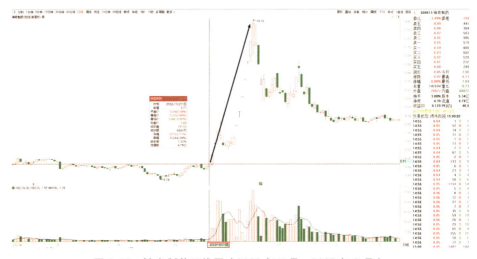

图 6-11 神奇制药非基金机构持仓变化表

按报告期 按年度 按单季度

科目\年度	2022	2021	2020	2019
成长能力指标				
净利润(元)	**4847.71万**	**6962.25万**	**-3.41亿**	**8397.48万**
净利润同比增长率	-30.37%	120.41%	-506.32%	-20.85%
扣非净利润(元)	4862.28万	3862.07万	-3.45亿	8221.09万
扣非净利润同比增长率	25.90%	111.21%	-519.06%	-14.95%
营业总收入(元)	23.89亿	23.03亿	18.19亿	19.28亿
营业总收入同比增长率	3.72%	26.61%	-5.63%	4.03%
每股指标				
基本每股收益(元)	0.0900	0.1300	-0.6400	0.1600
每股净资产(元)	4.36	4.39	4.26	4.90

图 6-12 神奇制药的财务情况

图 6-13 神奇制药日线图（2022 年 7 月—2023 年 2 月）

在图 6-12 中，神奇制药（600613）的业绩始终处在亏损的边缘。

现在再来看该股的股价走势：

图 6-13 显示，不到 20 个交易日的时间，神奇制药（600613）从 5 元多就涨到了 14 元多。

案例二：天鹅股份

图 6-14 展示了 2022 年 11 月 1 日天鹅股份（603029）在盘中出现买入机会，随后不到 10 个交易日，股价从 14 元攀升至 33 元。市场提供了机会，但大多数人却不会购买这样的股票，主要原因是他们根本不关注这类股票。那么，为何绝大多数人不关注这类股票呢？

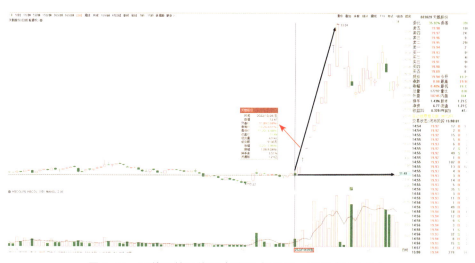

图 6-14 天鹅股份日线图（2022 年 7 月—2022 年 12 月）

图 6-15 显示，从 2021 年 6 月至 2022 年 9 月，天鹅股份的股东人数持续增加，人均持股金额达到 11 万元。观察前十大流通股股东，第一大股东持股占流通盘的 60.87%，其他主要为个人投资者。排除第一大股东后，该

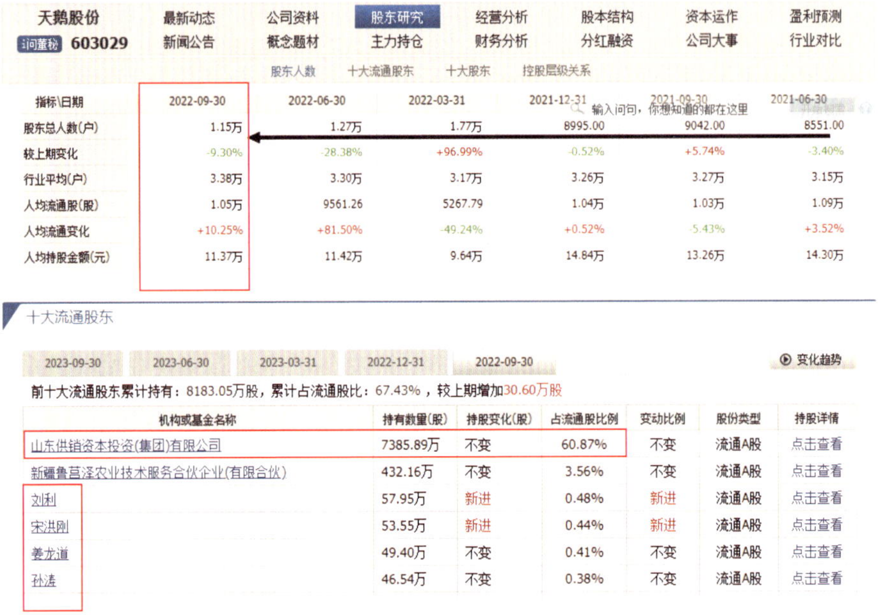

图 6-15　天鹅股份股东概况

图 6-16　天鹅股份机构持仓概况

股的人均持股市值仅为 6 万元，呈现典型的散户盘特征。

图 6-16 显示，2022 年三季度该股的机构投资者数量为 3 家，较上一季度减少了一万多股。

根据图 6-17，从 2021 年年报的 65.98% 至 2022 年三季度报表的 64.72%，非基金机构的持仓比例并无明显变化，暗示非基金机构持仓相对稳定。结合图 6-15 可知，第一大股东在二级市场中并不参与交易。

图 6-17 天鹅股份非基金主力机构持仓概况

图 6-18 显示，天鹅股份的财务状况并不理想。

为何我们很难关注到像天鹅股份这样短期内股价翻倍的股票呢？图 6-19

显示，天鹅股份的研报最早可追溯至 2016 年。这种业绩平平、散户持股，而机构又看不上的股票，普通投资者怎么可能关注？然而，这类股票往往是短线游资的宠儿。

图 6-18　天鹅股份财务状况

图 6-19　天鹅股份研报关注程度

牛股的数量及分布

市场上这类股票真的少吗？从 2022 年 7 月 5 日至 2022 年 10 月 31 日，大盘在这段时间下跌 15%。我们选取同期一个月内涨幅翻倍的股票。在这期间，市场共有 4974 家公司开盘，仅有 1328 家上涨（含新股），约占 27%。如图 6-20 所示，在这个下跌阶段，56 个行业中仅有 9 个行业上涨，占比约 16%。因此，在此期间，大众投资者通过组合投资难以获利。

	板块名称	均涨幅%↓	加权涨幅%	涨股比	涨5%数
1	多元金融	12.56	--	3/28	1
2	电器仪表	7.36	--	48/103	40
3	软件服务	7.14	--	147/297	108
4	船舶	7.03	--	6/12	3
5	通信设备	3.00	--	60/136	43
6	电信运营	1.41	--	3/6	2
7	通用机械	1.39	--	49/152	42
8	航空	0.18	--	21/51	16
9	文教休闲	0.17	--	19/51	14
10	IT设备	-0.12	--	25/63	17
11	石油	-1.09	--	15/37	10
12	运输服务	-1.10	--	9/34	7

板块分析--行业板块　区间: 2022-07-05,二 至 2022-10-31,一　点

图 6-20　阶段（下跌阶段）行业涨跌排行榜

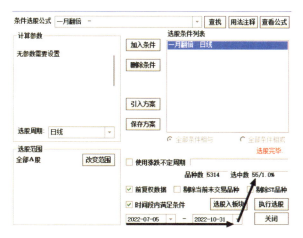

图 6-21　市场下跌同期翻倍股票选股

尽管在下跌市场中大部分股票都是下跌的，但同期也有部分股票涨幅非常显著。如图 6-21 所示，在 2022 年 7 月 5 日至 2022 年 10 月 31 日市场低迷时期，一个月内涨幅翻倍的股票共有 55 只，去掉 2022 年上市的连续涨停股票后仍有 49 只，如图 6-22。

002965	祥鑫科技	R	-1.05	0.11	-0.48	45.22	4.18	1.71	0.84	汽车配件
002992	宝明科技		5.10	0.00	3.30	68.00	5.10	10.26	2.63	元器件
002997	瑞鹄模具	R	0.55	0.26	0.21	38.31	5.76	4.15	0.78	专用机械
003005	竞业达		0.37	0.22	0.13	35.72	7.73	2.70	0.59	软件服务
003023	彩虹集团		-0.05	0.00	-0.01	20.72	4.47	1.74	1.08	家用电器
300125	聆达股份	R	-0.14	-0.13	-0.02	14.71	1.11	2.72	1.04	电气设备
300403	汉宇集团	R	0.24	-0.23	0.02	8.44	5.58	1.78	0.55	家用电器
300554	三超新材		3.08	0.23	1.04	34.82	39.19	17.73	1.40	矿物制品
300565	科信技术		2.23	-0.05	0.35	16.05	4.13	2.87	0.90	通信设备
300730	科创信息		2.57	0.30	0.34	13.58	4.60	2.72	1.35	软件服务
301021	英诺激光		-0.51	0.07	-0.14	27.05	6.50	2.43	0.55	专用机械
301181	标榜股份	R	0.64	0.07	0.19	29.67	2.62	2.31	0.75	汽车配件
301312	智立方	R	3.59	-0.07	3.12	89.93	7.40	5.53	0.65	专用机械
600992	贵绳股份		-0.46	-0.06	-0.07	15.13	1.54	1.58	0.92	钢加工
603211	晋拓股份		2.28	0.12	0.37	16.58	19.38	3.52	1.39	汽车配件
603366	日出东方		-0.51	0.00	-0.03	5.87	0.67	1.36	0.88	家用电器
603728	鸣志电器		0.49	-0.05	0.34	70.33	1.00	3.87	1.11	电气设备
603917	合力科技		0.63	0.11	0.12	19.07	1.06	1.74	0.88	汽车配件
688160	步科股份	K	0.39	-0.29	0.25	63.97	2.82	4.43	0.68	电器仪表
688218	江苏北人	K	-0.05	-0.04	-0.01	20.67	2.62	2.61	0.61	专用机械
688348	昱能科技	K	-0.89	-0.06	-1.14	127.25	1.72	3.58	0.88	电气设备
688351	微电生理-U	K	1.43	-0.35	0.31	22.02	1.00	2.90	0.81	医疗保健
688600	皖仪科技	K	1.92	-0.19	0.37	19.61	0.84	3.69	1.41	电器仪表
831152	昆工科技	R	-0.06	-0.05	-0.01	15.89	0.16	3.33	0.31	小金属
838171	邦德股份	R	1.53	0.09	0.16	10.65	1.15	4.29	0.80	汽车配件

图 6-22　市场下跌同期翻倍股票明细

在这 49 只股票中，科创板和创业板股票共 15 只，涨幅限制为 20%，占较小部分。去除这部分后，仍有 34 只一月翻倍的股票。值得思考的是，为什么短线翻倍股票的涨幅限制多为 10%。

可见，在行情不太糟糕的情况下，市场仍会出现短期暴涨的股票。

牛股的生成与捕捉

那么这些股票能被发现并抓住吗？这些短期内翻倍的股票，其上涨往往源于涨停板，因为涨停板意味着最强上涨动力和主力资金的参与。然而，盲目追涨往往会让你买入的不是第二天的涨停板，而是高开低走的股票，导致资金迅速缩水。

作为散户，重要的是了解这些股票短期暴涨背后的共性——游资参与。如果你不了解游资的操作手法，那么这些短期暴涨股票将永远与你无关。

追击涨停并非盲目追涨，而是要选择有连续涨停可能的股票。要选择追随游资涨停的股票，你需要挑选那些游资强势建仓且未脱离成本区的股票。这就要求你了解游资建仓拉升的手法，通过熟悉游资手法，更好地捕捉这些具有短期暴涨潜力的股票，从而在股市中取得更好的收益。

游资、私募与公募基金概述

游资是指在各金融市场之间流动，追逐短期高额利润的资产。简单来说，游资就是短线投资者，包括个人或私募等拥有较大资金的投资者。他们的目标是在尽量短的时间内用钱生钱，追求高回报。

私募基金是针对特定合格投资者的私人订制，通常由第三方托管。可以理解为合法的代客理财。游资很多时候以私募基金的形式存在。

公募基金是通过公开方式向投资者募集的基金，属于大众化的理财产品。简言之，任何人都可以投资。公募基金的宣传广泛，除了自身的宣传销售外，银行、券商等第三方机构也可以宣传和销售。

相较之下，私募基金仅针对特定合格投资者，没有公开宣传，一般投资者难以接触。

通常，特定的合格投资者的认定标准如下：

1. 具备相应风险识别能力和风险承担能力；

2. 单位投资者净资产不低于 1000 万元，个人投资者金融资产不低于 300 万元，或者最近三年个人年均收入不低于 50 万元；

3. 投资于单只私募基金的金额不低于 100 万元。

私募基金与公募基金的区别

一、资金来源和规模不同

公募基金向广大社会公众募集资金，规模较大。管理数百亿、数千亿级别的公募基金公司很多。私募基金的募集规模相对较小，理论上 100 万即可成立私募基金产品（2023 年协会发布了新的《备案办法》征求意见稿，针对证券类产品初定首发规模提高至 1000 万起步）。常见的私募基金管理规模在几千万到几个亿之间，超过 10 亿的不多。

图 6-23 为公募基金 2022 年 3 季度规模排名，可以看到排名在前的都是上千亿资金。

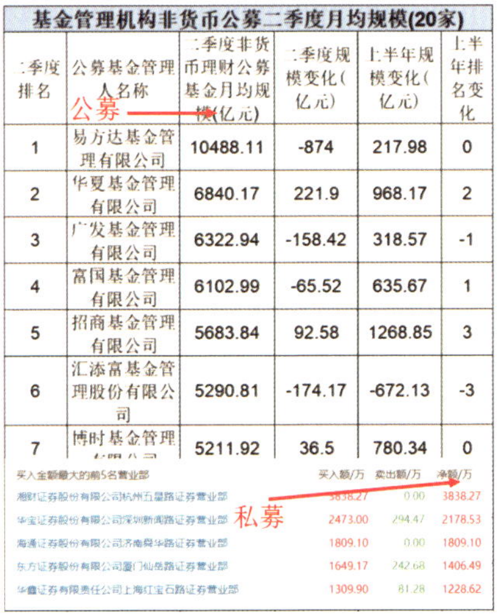
基金管理机构非货币公募二季度月均规模(20家)

二季度排名	公募基金管理人名称	二季度非货币理财公募基金月均规模(亿元)	二季度规模变化(亿元)	上半年规模变化(亿元)	上半年排名变化
1	易方达基金管理有限公司	10488.11	-874	217.98	0
2	华夏基金管理有限公司	6840.17	221.9	968.17	2
3	广发基金管理有限公司	6322.94	-158.42	318.57	-1
4	富国基金管理有限公司	6102.99	-65.52	635.67	1
5	招商基金管理有限公司	5683.84	92.58	1268.85	3
6	汇添富基金管理股份有限公司	5290.81	-174.17	-672.13	-3
7	博时基金管理	5211.92	36.5	780.34	0

买入金额最大的前5名营业部	买入额/万	卖出额/万	净额/万
湘财证券股份有限公司杭州五星路证券营业部	3838.27	0.00	3838.27
华宝证券股份有限公司深圳新闻路证券营业部	2473.00	294.47	2178.53
海通证券股份有限公司济南舜华路证券营业部	1809.10	0.00	1809.10
东方证券股份有限公司厦门仙岳路证券营业部	1649.17	242.68	1406.49
华鑫证券有限责任公司上海红宝石路证券营业部	1309.90	81.28	1228.62

图 6-23　公募资金规模

二、投资一家公司的额度限制不同

公募基金和私募基金在投资额度上存在差异，前者有投资限制，而后者则没有。公募基金需遵循"双十"原则，即一只基金持有同一股票的比例不得超过基金资产的 10%，同时一个基金公司旗下同一基金管理人管理的所有基金，持有同一股票的比例不得超过该股票市值的 10%。

这可能导致两个问题：

1. 假设公募基金 A 的规模为 100 亿，其 80% 的资金用于投资股票，那么按照"双十"原则，A 基金持有某一上市公司股票的市值不得超过 8 亿（计算方法：80 亿 ×10%），同时需至少持有 10 只不同的股票。

2. 通常，一家公募基金公司会有多名基金经理管理多只基金产品。假设 B 上市公司的总市值为 50 亿，那么同一基金管理人管理的所有基金持有该股票的比例不得超过 10%，即 5 亿。若公募基金经理小 A 管理了 5 只基金，总规模为 50 亿，这就要求其投资的股票种类必须多样化，且主要为大市值股票。

图 6-24 展示了基金重仓股排行榜，其中股票按流通市值从小到大排序。在图 6-24 中，我们可以看到市值最小的派能科技（688063）的流通市值仍高达 239 亿。

指	代码	名称		涨幅%	量比	涨速%	现价	封单额	流通市值↑
1	300037	新宙邦	R	3.55	1.54	-0.04	43.75	—	237.20亿
2	688072	拓荆科技	K	3.10	0.88	0.13	255.82	—	263.70亿
3	002028	思源电气	R	-1.15	0.93	-0.03	47.25	—	282.54亿
4	300394	天孚通信	R	0.36	0.74	-0.09	81.95	—	296.26亿
5	603882	金域医学	R	-0.06	0.49	0.09	68.08	—	317.01亿
6	000975	银泰黄金	R	-0.77	0.84	0.08	12.81	—	318.55亿
7	688223	晶科能源	K	2.96	0.97	-0.28	10.45	—	321.95亿
8	600765	中航重机	R	2.06	1.49	-0.03	22.75	—	334.12亿
9	601058	赛轮轮胎	R	1.46	1.02	0.00	11.11	—	346.64亿
10	600079	人福医药	R	-1.85	0.96	-0.16	23.38	—	359.18亿
11	000733	振华科技	R	3.69	2.19	-0.02	70.46	—	366.50亿
12	300347	泰格医药	R	-0.20	0.74	0.06	68.79	—	390.31亿
13	300661	圣邦股份	R	0.28	0.65	-0.10	89.00	—	398.55亿
14	688256	寒武纪-U	K	13.19	1.28	0.24	153.02	—	407.72亿
15	002463	沪电股份	R	-0.55	0.69	0.14	21.64	—	412.07亿

图 6-24　基金重仓个股排行榜

三、仓位要求不同

公募基金和私募基金在仓位要求上有所不同。公募基金需满足最低仓位要求，而私募基金则无此限制。为减少基金买卖对市场产生的大幅波动，证监会规定公募基金的仓位不得低于65%，行业内的持仓上限通常为88%。因此，公募基金通常会预留一部分资金应对突发情况，这意味着它们在减仓或增仓方面没有太多空间。

同时，同一家基金公司旗下的多只基金，持股往往具有较大的重复性。当某只基金卖出股票时，可能导致其他基金净值下跌。此外，卖出自己的股票去购买其他基金看好的股票对其他基金的帮助并不大。因此，对公募基金而言，择时操作的意义有限。需要注意的是，公募基金不重视择时，并非因为择时无用，而是对它们来说效果有限。

实际上，公募基金的投资标的存在一个可投资的白名单，基金经理只能在此白名单中选择投资标的。受仓位限制和投资对象（主要是大众投资者）

的影响，公募基金更倾向于买入并持有股票，用于高抛低吸的资金比例相对较小。因此，他们通常会选择业绩优良或具有中长期政策支持的股票进行长线投资。

四、业绩报酬不同

公募基金不提取业绩报酬，只收取管理费。私募基金则收取业绩报酬，一般不收管理费。对公募基金而言，业绩主要意味着排名时的荣誉；对私募基金来说，业绩是报酬的基础。

"黑马摇篮"关键要点解析

游资与公募基金相比，资金规模较小，无投资额度限制和投资品种限制，靠业绩赚钱。那么，游资会选择哪些股票呢？

因游资资金规模相对较小，通常只有几个亿。对于上千亿流通市值的上市公司，几个亿的资金即使全投入同一只股票，也无法引起大的波动。因此，游资只能撬动小市值的股票。

同时，由于游资资金规模较小，如果一只股票已有其他较大规模的主力资金，游资大规模买入可能导致潜伏的其他机构卖出，从而使游资运作失败。因此，游资会选择其他机构较少或不轻易卖出的股票。

游资追求短线投资，目标是短期利润最大化，因此买卖股票果断迅速。业绩优秀或成长性股票往往已被其他机构介入，所以游资只能选择业绩相对较差的股票。

游资的对手盘并非公募基金和其他机构，而是散户。因此，游资愿意选择散户集中的股票，利用散户的冲动进行操作。

综上，游资选股喜好：

1. 人均市值低于 10 万元的散户盘；

2. 业绩一般；

3. 市值小于 50 亿，一般在 10 亿至 40 亿之间；

4. 机构家数少于 10 家。

"牛气冲天"模拟擂台赛实战应用案例

首先，简要介绍"牛气冲天"群和模拟擂台赛规则：

"牛气冲天"系列群是国内较有影响力的民间炒股交流群，包括牛气冲天长牛群、牛气冲天快牛群、牛气冲天黑马俱乐部群、牛气冲天牛人群等，共计 13 个群，拥有 3000 多名群友，其中包括一些证券业知名人士。"牛气冲天"群模拟擂台赛包括周赛、月赛、季赛和年赛，积分累计计算年度排名。

笔者在 2022 年"牛气冲天"群模拟擂台赛中，荣获周赛年度排行总冠军、月赛年度排行总冠军、牛人总积分冠军，见图 6-25、图 6-26、图 6-27。

名次	模拟参赛人	大牛	二牛	三牛	四牛	五牛	六牛	七牛	八牛	九牛	十牛	次数	积分	排行榜
1	老杨	6	0	0	0	1	2	3	0	1	0	13	90	冠军
2	薪阳	5	0	0	0	1	2	0	1	0	0	9	69	亚军
3	缘份的天空	2	3	0	2	1	0	0	0	0	0	8	67	季军
4	扬帆起航	0	0	2	2	1	2	1	3	0	0	11	59	四牛
5	平心	0	1	3	2	0	0	2	0	0	0	8	55	五牛
6	独一无二	3	1	0	0	0	0	1	2	2	1	10	54	六牛
7	一杯清茶	1	1	1	2	0	1	0	0	1	0	7	50	七牛
8	翔云	2	1	0	2	1	0	0	0	0	0	6	49	八牛
9	超声波	0	1	0	2	1	2	2	0	0	0	9	49	九牛
10	生物老杨	1	1	1	2	0	1	0	0	0	2	8	46	十牛

图 6-25　"牛气冲天"群模拟擂台周赛年度排行榜

名次	模拟参赛人	大牛	二牛	三牛	四牛	五牛	六牛	七牛	八牛	九牛	十牛	次数	积分	排行榜
1	老杨	0	0	1	1	1	1	0	0	1	0	5	28	冠军
2	依然橙红	1	0	0	0	0	2	0	0	1	0	4	22	亚军
3	两把刷子	1	0	0	0	0	0	0	0	0	0		19	季军
4	漫步全田路	1	0	1	0	0	0	0	0	0	0		18	四牛
5	追牛一族	0	1	0	0	0	0	0	0	0	0		17	五牛
6	刘学天	0	1	1	0	0	0	0	0	0	0		17	六牛
7	扬帆起航	0	0	0	0	0	0	0	0	0	0		16	七牛
8	史春昊	0	1	0	0	1	0	0	0	0	0		15	八牛
9	李峰	0	0	0	1	1	0	0	0	0	2		15	九牛
10	不比山高	0	0	1	0	1	0	0	0	0	0		14	十牛

图 6-26　"牛气冲天"群模拟擂台月赛年度排行榜

名次	模拟参赛人	大牛	二牛	三牛	四牛	五牛	六牛	七牛	八牛	九牛	十牛	次数	积分	排行榜
1	老杨	6	0	1	2	2	2	3	0	2	0	18	120	冠军
2	赵声波	1	1	2	1	2	1	2	2	0	0	12	73	亚军
3	蕲阳	5	0	0	0	1	2	0	1	0	0	9	69	季军
4	不比山高	0	0	2	3	2	3	0	1	0	0	12	69	四牛
5	缘份的天空	2	3	0	0	0	0	0	0	1	9		68	五牛
6	天空下的小猪	3	1	0	3	0	0	0	0	0	9		68	六牛
7	扬帆起航	0	1	2	2	1	2	1	0	0	0	12	68	七牛
8	平心	0	1	3	3	0	0	0	0	0	0		62	八牛
9	两把刷子	2	1	2	0	1	0	1	0	2	0		62	九牛
10	东方红	0	2	2	1	1	2	0	0	0	1	10	61	十牛

图 6-27　"牛气冲天"群模拟擂台赛总积分排行榜

　　接下来，我们将分享参赛过程中利用"六维共振"选股方法的经验。仅交流周赛中获得第一名的股票，其他股票略过。

参赛时段			2022年01月（04-07）日			
序号	模拟参赛人	股票模拟票	股票代码	前一周五收盘价	本周五收盘价	涨幅比例	备注
1	老杨	冰山冷热	000530	5.67	7.24	28.00%	大牛
2	刘川第七封印	三人行	605168	168.99	197.99	17.00%	二牛
3	舍得	大地海洋	301068	30.63	32.82	7.00%	三牛
4	超声波	金龙鱼	300999	62.93	65.51	4.00%	四牛
5	北北	飞凯材料	300398	24.16	25.2	4.00%	五牛
6	兰海鹰	曙光股份	600303	4.7	4.7	0.00%	六牛
7	史春昊	德艺文创	300640	7.1	6.92	-3.00%	七牛
8	滚雪球	汤姆猫	300459	5.55	5.34	-4.00%	八牛

图 6-28 "牛气冲天" 群模拟比赛周赛排行榜（2022 年 1 月 4 日—1 月 7 日）

如图 6-29 所示冰山冷热（000530），图中"1"显示该股自由流通市值约 20 亿，属于"黑马摇篮"中的小盘股。图 6-29 中"2"的位置，股价突破近期压力，属于"见龙在田"的突破形态（"见龙在田"将在后面内容讲解）。

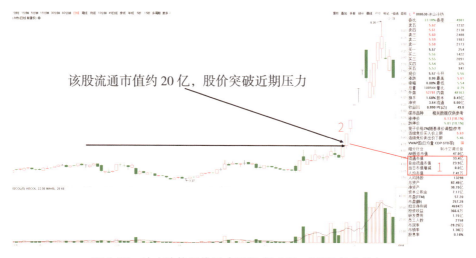

该股流通市值约 20 亿，股价突破近期压力

图 6-29 冰山冷热日线图（2021 年 6 月—2023 年 2 月）

图 6-30 显示，冰山冷热（000530）在三季报机构家数报表中仅有 2 家机构，符合“黑马摇篮”中的“机构家数少”。

图 6-31 显示，冰山冷热（000530）在三季报报表中股东多为个人，符合“黑马摇篮”中的散户盘特征。

主力进出\报告期	2022三季报	2022中报	2022一季报	2021年报	2021三季报
机构数量(家)	2	2	2	2	2
累计持有数量(股)	1.74亿	1.74亿	1.74亿	1.74亿	1.74亿
累计市值(元)	8.96亿	7.95亿	8.12亿	9.88亿	6.52亿
持仓比例	29.14%	29.14%	29.12%	29.12%	29.13%
较上期变化(股)	0	0	0	0	0

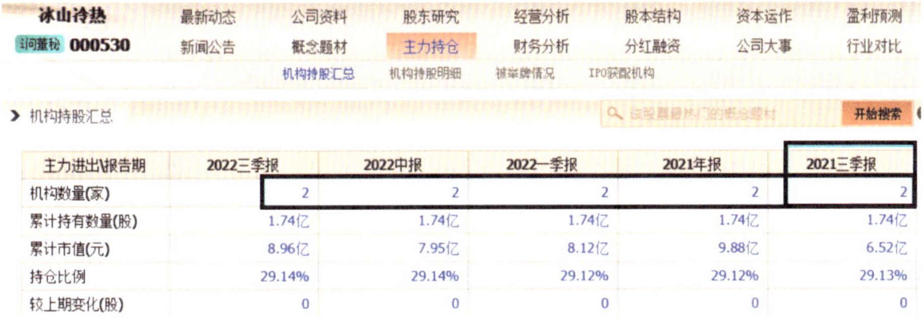

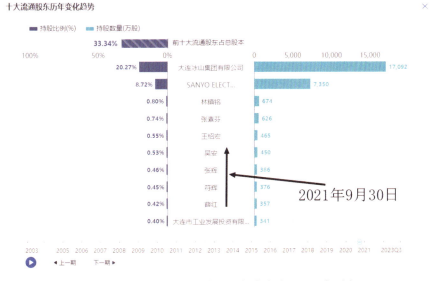

图 6-30　冰山冷热 2021 年三季报机构家数报表

图 6-31　冰山冷热 2021 年三季报十大流通股股东列表

图 6-32　冰山冷热财务报表

图 6-32 显示，冰山冷热（000530）在 2021 年 9 月财务报表中基本每股收益亏损 0.049 元，在 2021 年 12 月财务报表中亏损 0.32 元。符合"黑马摇篮"中的业绩差。

综上所述，冰山冷热选股理由是小市值、业绩一般、少机构参与、股价走势形成"见龙在田"的突破。

| 参赛时段 | | | 2022年01月（10-14）日 | | | | |
序号	模拟参赛人	股票模拟票	股票代码	前一周五收盘价	本周五收盘价	涨幅比例	备注
1	老杨	安旭生物	688075	178.61	302.76	70.00%	大牛
2	超声波	热景生物	688068	156.56	239.64	53.00%	二牛
3	广福	天瑞仪器	300165	8.04	11.01	37.00%	三牛
4	灰太狼	万孚生物	300482	44.38	59.9	35.00%	四牛
5	大禹治水	中船国际	600072	14.65	17.73	21.00%	五牛
6	回建春平安金融	科华生物	002022	15.23	17.91	18.00%	六牛
7	兰海鹰	莱茵生物	002166	9.49	10.34	9.00%	七牛
8	扬帆起航	洲明科技	300232	9.29	9.85	6.00%	八牛
8	良良	博济药业	300404	13.78	14.63	6.00%	八牛

图 6-33　"牛气冲天"群模拟比赛周排行榜（2022 年 1 月 10 日—1 月 14 日）

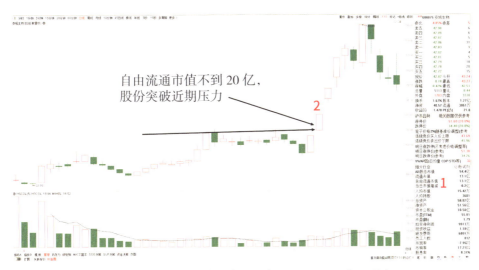

图 6-34 安旭生物日线图（2021 年 11 月—2022 年 2 月）

选股原因：如图 6-34 中"1"所示，该股自由流通市值不到 20 亿，属于"黑马摇篮"中的小盘股。图 6-34 中"2"的位置，股价突破近期压力，属于"见龙在田"的突破形态（"见龙在田"将在后面内容讲解）。（注：新股中"六维共振"的条件可以适当放宽。）

2022 年 4 月参赛的以岭药业（002603）。当时由于众所周知的疫情暴发，

参赛时段			2022年第十三周（04.06～04.08）				
名次	模拟参赛人	代码	模拟票	上周收盘	现价	涨幅%	备注
1	老杨	002603	以岭药业	31.54	39.09	23.94%	大牛
2	漫步金田路	000736	中交地产	17.50	19.25	10.00%	二牛
3	一杯清茶	603051	鹿山新材	59.81	65.13	8.89%	三牛
4	文武	300299	富春股份	7.44	7.90	6.18%	四牛
5	封雁国	600007	中国国贸	17.20	18.19	5.76%	五牛
6	东方红	000517	荣安地产	3.55	3.75	5.63%	六牛
7	丰泰	603069	海汽集团	12.41	13.00	4.75%	七牛
8	灰太狼	000002	万 科 A	20.66	21.49	4.02%	八牛
9	追牛一族	603778	乾景园林	4.87	5.05	3.70%	九牛
10	天下韩门	000909	数源科技	7.79	8.05	3.34%	十牛

图 6-35 "牛气冲天"群模拟比赛周排行榜（2022 年 4 月 6 日—4 月 8 日）

参赛时段			2022年第二十四期（06.27～07.01）周五				
名次	模拟参赛人	代码	模拟票	上周收盘	现价	涨幅%	备注
1	老杨	002033	丽江股份	7.62	9.95	30.58%	大牛
2	摩羯愚人	002129	TCL中环	46.78	59.17	26.49%	二牛
3	海洋	002747	埃斯顿	20.94	25.46	21.59%	三牛
4	缘份的天空	002514	宝馨科技	8.37	9.90	18.28%	四牛
5	刘轩呈14913	603051	鹿山新材	65.25	75.75	16.09%	五牛
6	熊猫下的毒	600745	闻泰科技	70.83	82.10	15.91%	六牛
7	小鱼儿	300825	阿尔特	15.92	18.32	15.08%	七牛
8	独一无二	600620	天宸股份	10.02	11.52	14.97%	八牛
9	怒放的生命	300988	津荣天宇	22.39	25.39	13.40%	九牛
10	文武	002917	金奥博	9.36	10.58	13.03%	十牛

图 6-36　"牛气冲天"群模拟比赛周排行榜（2022 年 6 月 27 日—7 月 1 日）

选择此股票的原因是它符合六维共振中的"一呼百应"（见后面内容）。然而，六维共振中的其他要素并不符合。因此，在使用六维共振时，还需要结合当时市场的实际情况灵活应用。

图 6-37 所示，丽江旅游（002033，现丽江股份）自由流通市值约 20

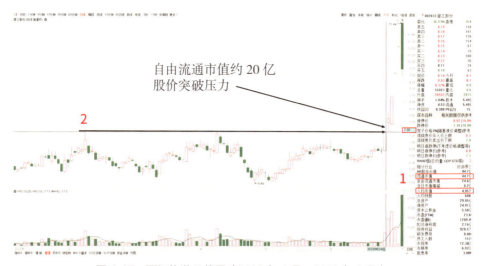

图 6-37　丽江旅游日线图（2022 年 4 月—2023 年 2 月）

亿元，见图 6-37 中"1"。股价走势形成了"见龙在田"的突破走势，见图
6-37 中"2"（"见龙在田"参见后面内容）。

图 6-38 所示，丽江旅游（002033）股东总人数没有明显减少，人均市
值为 10 万元左右，符合散户盘特征。

图 6-39 所示，丽江旅游（002033）2022 年第三季度基金持仓总数为
3.73%，属于一只少机构关注的股票。

图 6-40 显示丽江旅游（002033）的非基金持仓为 45% 左右，且长期
稳定。由于该持仓属于与公司相关的机构持仓，在这种情况下，可以放宽对
人均市值和换手率的要求。

图 6-41 显示丽江旅游（002033）在 2021 年 12 月和 2022 年 3 月均
出现亏损，公司业绩长期表现一般。

图 6-38　丽江旅游股东人数及人均市值

主力进出\日期	2024-03-31	2023-12-31	2023-09-30	2023-06-30	2023-03-31	2022-12-31	2022-09-30	2022-06-30
机构数量(家)	15	54	11	116	11	39	9	26
持股数(股)	2.61亿	2.71亿	2.69亿	3.32亿	2.84亿	3.31亿	2.72亿	2.68亿
持股变化量(股)	-1011.49万	199.78万	-6293.76万	4842.37万	-4670.93万	5830.17万	436.55万	308.49万
持股市值(元)	26.34亿	21.96亿	25.11亿	36.16亿	31.29亿	40.01亿	22.28亿	28.94亿
持股占已流通A股%	47.55	49.39	49.03	60.48	51.67	60.17	49.56	48.77
持股变化量占已流通A股%	-1.84	0.36	-11.45	8.81	-8.50	10.61	0.79	0.56

基金持仓比率与股价比较　非基金持仓比率与股价比较

图 6-39　丽江旅游主力持仓

基金持仓比率与股价比较　非基金持仓比率与股价比较

图 6-40　丽江旅游非基金持仓

丽江股份	最新动态	公司资料	股东研究	经营分析	股本结构	资本运作	盈利预测
问董秘 002033	新闻公告	概念题材	主力持仓	财务分析	分红融资	公司大事	行业对比

		财务诊断	财务指标	指标变动说明	资产负债构成	财务报告	杜邦分析

按报告期　按年度　按单季度　　　　　　　　　　　　　　　　　　　　　　　　　　　　显示同比

科目\年度 《	2022-06-30	2022-03-31	2021-12-31	2021-09-30	2021-06-30	2021-03-31 》
成长能力指标						
净利润(元)	-5345.00万	-2827.75万	-3780.32万	1095.94万	1005.57万	-992.06万
净利润同比增长率	-631.54%	-185.04%	-153.63%	-77.40%	141.69%	53.77%
扣非净利润(元)	-5986.20万	-2938.19万	-3282.54万	1113.39万	1113.78万	-1078.31万
扣非净利润同比增长率	-637.47%	-172.48%	-146.28%	-75.73%	143.26%	52.10%
营业总收入(元)	7897.14万	4169.55万	3.58亿	2.90亿	2.02亿	7227.83万
营业总收入同比增长率	-60.97%	-42.31%	-16.87%	6.00%	113.81%	74.58%
每股指标						
基本每股收益(元)	-0.0972	-0.0515	-0.0688	0.0199	0.0183	-0.0181
每股净资产(元)	4.29	4.34	4.39	4.48	4.48	4.64

图 6-41　丽江旅游财务状况

综上所述,选择丽江旅游（002033）的理由是价格走势符合"见龙在田"的突破、少机构关注、散户盘以及业绩一般。

再如,西安饮食 (000721) 自由流通市值不到 40 亿元,股价走势形成了"见龙在田"的突破走势,见图 6-43 中"1"（见龙在田参见后面内容）。

参赛时段		2022年第四十二期（11.07～11.11）之　周五					
名次	模拟参赛人	代码	模拟票	上周收盘	现价	涨幅%	备注
1	老杨	000721	西安饮食	6.28	9.80	56.05%	大牛
2	生物老杨	600613	神奇制药	6.85	8.84	29.05%	二牛
3	大头	601899	紫金矿业	8.36	9.92	18.66%	三牛
4	陈玺帆13	601068	中铝国际	4.76	5.63	18.28%	四牛
5	老张	000002	万 科 A	14.04	15.76	12.25%	五牛
6	罗景添	000933	神火股份	15.26	16.72	9.57%	六牛
7	回建春平安金	300482	万孚生物	34.18	36.30	6.20%	七牛
8	艾潼	600217	中再资环	5.18	5.50	6.18%	八牛
9	张杰	600859	王府井	26.02	27.34	5.07%	九牛
10	娜娜	600282	南钢股份	3.12	3.27	4.81%	十牛

图 6-42　"牛气冲天"群模拟比赛周排行榜（2022 年 11 月 7 日—11 月 11 日）

图 6-43　西安饮食日线图（2022 年 4 月—2023 年 2 月）

图 6-44　西安饮食股东人数及人均持股图

图 6-44 显示西安饮食（000721）股东人数有所增加，人均持股市值为 4 万元左右，属于典型的散户盘。

图 6-45 显示西安饮食（000721）公司长期业绩一般。

图 6-46 显示西安饮食（000721）公司长期机构持仓较少，机构关注度不高。

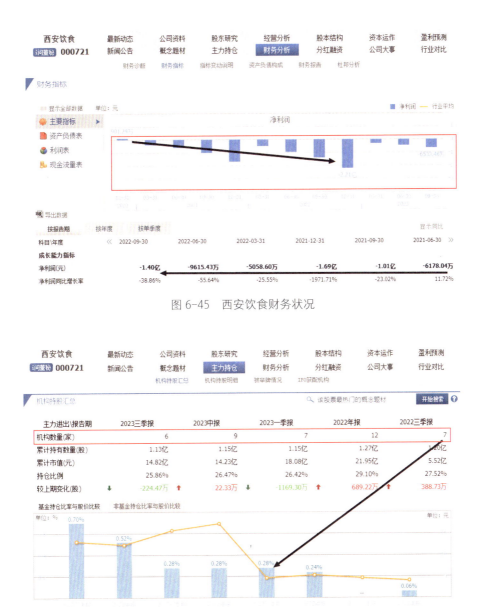

图 6-45 西安饮食财务状况

图 6-46 西安饮食主力机构持仓情况

综上所述，西安饮食（000721）的选股理由是散户盘、机构关注度低、业绩一般，股价形成"见龙在田"走势（见龙在田参见后面内容）。

第二节　一呼百应

对于游资而言，他们本身的资金规模并不大，若要在市场上兴风作浪，就需要借助其他资金和时机的合力。

前文已经讲过，游资常常选择市值小、机构持仓少、业绩一般、散户盘股票来操作。然而，连续拉升一只股票的二板、三板并非难事，只要有足够的资金买进便可做到。关键在于，能否在股价拉升到高位时成功出局，这是游资无法完全掌控的环节，而能否在高位成功出局，则取决于大众投资者是否愿意在高位接货。

大众投资者之所以愿意在高位接货，是因为相信可以在更高的位置卖出，这就需要他们的想象空间。这个想象的空间便叫作题材的力度。

什么是题材？题材就是故事。简而言之，就是让投资者在高位接货时，能够相信可以在更高的位置卖出的故事。一个好的题材需要具备以下特点：

题材需要具有想象空间

以新冠病毒感染为例，自 2019 年 12 月底以来，与之相关的股票也因此而涨停或翻倍，如四环生物、道恩股份、九安医疗等。

2020 年初，生物制药公司四环生物（000518）率先放量涨停，并在 1 月 17 日经过短暂调整后再次放量，股价成功突破 5 日均线。随后，该股成为相关题材首个翻倍的股票。

2020 年 2 月 2 日，道恩股份（002838）在互动平台上表示，公司作为全国最大的医用口罩布原料——熔喷料生产商，产品主要用于医用口罩的M阻隔层。

2020年2月3日，春节后的第一个开盘日，大盘暴跌8.45%，道恩股份（002838）连续涨停，见图6-48中"1"的位置。这波行情来得太突然，股价连续一字无量涨停，让投资者没有参与机会。等到放量时介入，已是短期的头部。经过短暂调整后，股价再次放量，站上5日均线，见图6-48中"2"的位置。股价从20元涨至60多元，成为又一翻倍的股票。

2021年11月18日，九安医疗（002432）表示，其具有美国食品药品监督管理局授权紧急使用的抗原检测OTC试剂盒，产品属于美国联邦政府集采类别。公司子公司iHealth（美国）已开始在当地向C端和B端同时销售新冠抗原家用自测OTC试剂盒产品，并积极接洽、跟进各方客户订单。

国内抗原试剂在美国市场的销售面临一定难度，尽管存在较大不确定性，我们仍可以看到，在11月18日前，九安医疗已出现明显的连续放量涨停，见图6-49中"1"的位置。经过短暂调整后，股价再次放量，站上

图6-47　四环生物日线图

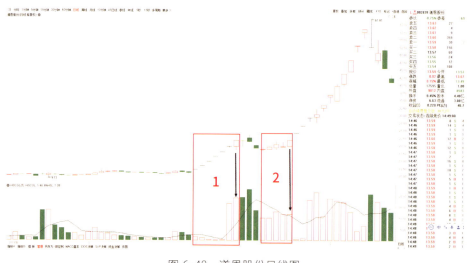

图 6-48　道恩股份日线图

5 日均线，见图 6-49 中 "2" 的位置，随后从 20 元涨至 80 多元，成为又一相关题材股票。

2022 年 9 月 7 日，宣泰医药（688247）表示，公司已向中国、美国及其他国际市场提交 16 项药品注册申报，已获批准的产品包括熊去氧胆酸胶囊（中国）。2022 年 12 月 5 日，英国剑桥大学的研究人员在《自然》（*Nature*）杂志上发表了一篇研究文章，指出熊去氧胆酸可以关闭血管紧张素转化酶 2（ACE2）受体，从而阻止病毒进入细胞。因此，熊去氧胆酸理论上有可能成为对抗新冠病毒的重要武器。

2022 年 12 月 8 日，熊去氧胆酸概念第一股宣泰医药率先一字板 20% 涨停，并带动多只熊去氧胆酸概念股涨停。其中新华制药（000756）在 2022 年 12 月 7 日表示，公司全资子公司新达制药已取得治疗胆固醇型胆结石药物熊去氧胆酸片上市许可持有人资格。

12 月 7 日和 8 日，新华制药连续放量涨停并突破前期高点，成为当时

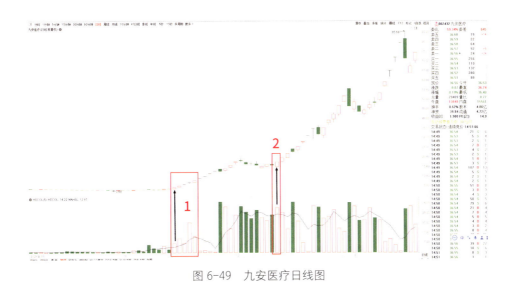

图 6-49 九安医疗日线图

图 6-50 新华制药日线图

熊去氧胆酸概念中的龙头股，见图 6-50 中"1"的位置。无论是宣泰医药还是新华制药，它们在短期内都出现了股价翻倍的行情，随后这两只股也出现了漫长的下跌。

实际上，英国剑桥大学在《自然》杂志上发表的关于"熊去氧胆酸可以关闭 ACE2 受体"的研究仅是一篇学术论文。相关研究尚处于早期阶段，连验证性的临床试验都尚未开展，距离上市更是遥不可及。从实际应用角度来看，熊去氧胆酸开发为新冠病毒特效药或预防用药显然存在重大不确定性。

然而，在股票二级市场，主力更关心的并非熊去氧胆酸在临床的效果，而是当时的熊去氧胆酸概念能否激发广大投资者的炒作热情。

题材需要有人气

炒作题材的本质就是讲故事。在股市中，游资通过讲述引人入胜的故事，吸引投资者跟随，从而共同盈利。如果投资者听不懂这些故事，就可能成为游资盈利的牺牲品。对于游资而言，故事的真实性并不重要，重要的是能否激发投资者的兴趣和炒作热情。

在股市中，很多故事类似于童话，充满了虚构和夸张。然而，散户很容易受到这些故事的影响。大资金通常具有自己的选股原则和纪律，不会轻易为这些故事所动。这也解释了为什么连续涨停、短期翻倍的黑马股票往往只有 10% 的涨幅限制，因为创业板和科创板的开户资金门槛较高，把大部分散户挡在了门外。

游资需要故事能吸引人。没有人气的股票很难成功炒作，就像当年的亿安科技（现神州高铁 000008）一样，股价从 24 元涨到 126 元却鲜有人关注，最后又跌回 24 元。

游资需要有人跟随，虽然这些人可能并不专业，但正是这些人的参与让炒作火爆。

游资往往会利用其控制的微信群、公众号和网络大 V 为个股造势，讲述吸引人的故事。游资打板战法的成功，不仅得益于A股涨停板和"T+1"的规则，还得益于微信、网络媒体的信息快速传播。

这也意味着很多受题材操作的股票往往犹如过眼云烟。当热点来临时暂时飙升，然而，投资者在这个时候赚到钱，并不代表掌握了财富的秘诀，而更多的是赶上了风口。

很多投资者在风来时"恐高"不敢买入，却在风停时又不舍得离场。这种心态让他们难以成功进行短线操作。同时，需要留意的是，这些风口上的股票也难以推荐。因为风口上的股票往往已经大涨，推荐它们给投资者追高抬价不符合职业道德，而绝大多数股民容易受到人性弱点的影响。对推荐股票的人来说，这反而是一件费力不讨好的事。

题材需要具有突发性

2022年2月24日，俄乌战争正式拉开序幕，引发了全球资本市场的恐慌。作为石油和天然气出口大国，俄罗斯在全球原油和天然气出口中的份额分别达到11%和16%，其中在欧盟原油和天然气进口中的份额分别达到27%和35%。俄乌战争引发了全球资本市场对石油、天然气的担忧，当日原油涨幅最高达7%，布伦特原油突破104美元大关，创下自2014年9月以来的新高。

资本市场的魅力在于危险与机遇并存。突发危机影响全球资本，也为资本市场带来投机机会。例如，准油股份（002207），一家为石油、天然气开采企业提供油田动态监测和提高采收率技术服务的专业化企业，随着俄乌战争的爆发，于2月24日和25日连续两天出现放量涨停，股价站稳5日均线，随后连拉5个涨停板，见图6-51。

电热毯概念同样具有突发性。在欧洲能源危机导致能源价格飙升的背

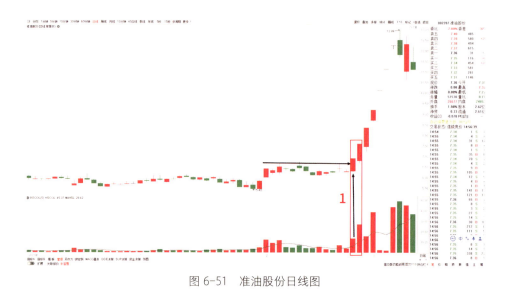

图 6-51　准油股份日线图

景下，欧洲居民大量采购中国电热毯、热泵等产品以应对严寒。彩虹集团（003023）便从事电热毯、取暖器具等家用电器产品的生产。9 月 21 日，彩虹集团股价放量涨停，突破前期高点。随后 9 月 26 日，俄罗斯和欧洲之间输送天然气的主要管道——北溪 1 号和北溪 2 号遭到三处破坏。这再次激发了股民的想象力，彩虹股份股价持续大涨，12 个连续交易日内实现了 8 个涨停，见图 6-52。

　　随后，针对深交所关注函中提到的"电热毯等家用柔性取暖器及相关产品在国内外已实现的销售收入以及占公司总营业收入的比例"问题，彩虹集团在公告中回复称：2022 年，公司收到一些产品出口订单，总体数量和金额均较低。截至 6 月底，电热毯等家用柔性取暖产品实现海外销售收入 21 万元，此外，目前手头订单金额约为 133 万元，合计占上一年度公司营业总收入的比例为 0.13%。同时，公告进一步指出：彩虹集团表示，目前公司的业务基本面没有发生重大变化，公司及其控股子公司的经营状况正常，并不存在应

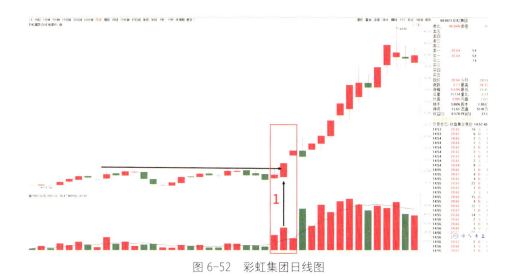

图 6-52 彩虹集团日线图

披露而未披露的重大信息。

值得注意的是，彩虹集团（003023）在公告中明确表示，电热毯海外销售订单仅为 133 万元，股民却热情不减。可见，实际情况如何并不那么重要，关键在于这个突发题材所激发的想象力。

题材具有一定的模糊性

题材炒作需要讲故事，这既要让大众了解，又不能让大众完全看透，从而为其创造想象空间。例如数字货币、元宇宙等领域。

2022 年 2 月 8 日盘后，中国人民银行、市场监管总局、银保监会、证监会联合印发《金融标准化"十四五"发展规划》。提出，要研究制定法定数字货币信息安全标准，保障其流通过程中的可存储性、不可伪造性、不可重复交易性、不可抵赖性。要稳妥推进法定数字货币标准研制，综合考量安全可信基础设施、发行系统与存储系统、登记中心、支付交易通信模块、终

图 6-53　发改委关于数字货币的解释

端应用等，探索建立、完善法定数字货币基础架构标准。

四部门联合提出要稳妥推进法定数字货币标准研制，这无疑意味着数字人民币在我国的发展已经迈入新阶段，市场对数字货币的炒作热情也因此再度被点燃。

然而，在 2022 年 2 月 8 日之前，国家发改委在 2021 年 12 月 24 日关于"十四五"规划《纲要》名词解释中，关于数字货币是这样描述的：

数字货币分为央行发行的法定数字货币和各类市场主体发行的民间数字货币。《纲要》中的"数字货币"主要指由人民银行发行的数字形式的法定货币，由指定运营机构参与运营并向公众兑换，以广义账户体系为基础，与纸币和硬币等价，具有价值特征和法偿性（法定偿付性），支持可控匿名。目前，研发工作已取得阶段性进展并先行在国内部分地区开展试点测试。

很多人并不清楚什么是数字货币，数字货币与目前的微信、支付宝等在线支付有何区别，以及哪些上市公司与数字货币有关联、关联程度如何。这种模糊性正是题材炒作的重要特点。

　　然而，资本市场从不缺少嗅觉敏锐的猎手。在2021年底开始，一波数字货币的炒作拉开了序幕，在这一波数字货币炒作中，最受益的是翠微股份（603123）。

　　如图6-54中所示，该股票在2022年年初形成了标准的N形"双响炮"走势，从8元多涨到了30元多。

　　那么，作为一家百货超市企业的翠微股份，与数字货币之间到底存在什么样的关系呢？通过查阅上市公司的公告，我们发现该公司年报显示，其全资子公司海科融通已积极参与央行数字货币研究所指定运营银行签署合作协议，进行系统对接，推进数字人民币受理的系统建设。

　　进一步查询发现，海科融通是一家注册资本仅为2.55亿的小公司，如图6-55。至于海科融通如何与央行数字货币研究所指定的运营银行进行系统

图6-54　翠微股份日线图

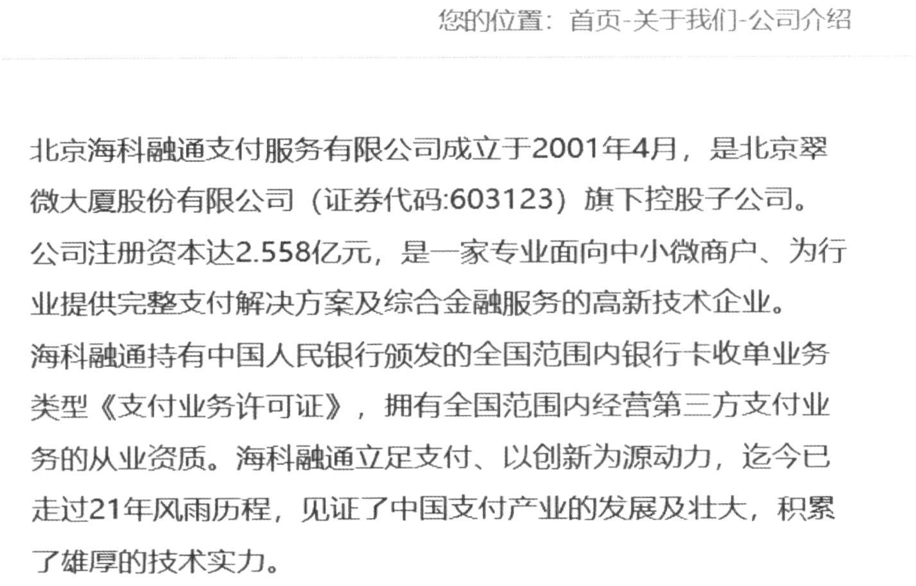

您的位置：首页-关于我们-公司介绍

北京海科融通支付服务有限公司成立于2001年4月，是北京翠微大厦股份有限公司（证券代码:603123）旗下控股子公司。公司注册资本达2.558亿元，是一家专业面向中小微商户、为行业提供完整支付解决方案及综合金融服务的高新技术企业。海科融通持有中国人民银行颁发的全国范围内银行卡收单业务类型《支付业务许可证》，拥有全国范围内经营第三方支付业务的从业资质。海科融通立足支付、以创新为源动力，迄今已走过21年风雨历程，见证了中国支付产业的发展及壮大，积累了雄厚的技术实力。

图 6-55　海科融通公司简介

对接，以及如何推动数字人民币受理的系统建设，我们并不清楚。尽管市场传闻翠微百货将试点数字货币，但股价从 8 元炒到 30 元后又跌回了 9 元。

很多时候，资本市场的主力并不关心这个故事的真实性，他们更看重的是故事所带来的想象空间。

元宇宙概念的炒作具有同样的特征。2021 年 8 月 27 日，《失控玩家》在中国内地上映。这部影片讲述一个孤独的银行柜员发现自己原来是大型电子游戏的背景人物。该片的上映引发了人们对元宇宙概念的关注。

元宇宙主要具有以下五个特点：

1. 虚拟身份：每个现实世界的人可以有一个或多个元宇宙身份。

2. 社交关系：各元宇宙身份之间将产生真实的社交关系。

3. 临场感：低延迟的技术使得现实世界的人能有充足的沉浸感。

4. 开放性：现实世界的人能在任何地点任何时间进入，进入后可自由与世界互动。

5. 经济法律体系：具有独特的经济、法律、安全系统，甚至能衍生出不同于现实世界的文明。

2021年8月29日，虚拟现实（VR）创业公司Pico宣布被字节跳动收购。Pico承诺，用户在享受原有服务的基础上，未来将获得更多内容支持和技术升级服务。

元宇宙为何突然火了？

首先，从需求层面看，新冠病毒侵蚀并削弱了人们在物理世界的联系，与此同时也加速了数字世界的完善。人们在虚拟空间中停留和交互的时间越多，对虚拟世界的需求也随之增多。

其次，从技术发展层面看，随着VR、AR、5G、AI等技术的发展，曾经只能出现在科幻小说和电影中的场景已经逐渐变为现实。这既是元宇宙的最初形态，也为元宇宙提供了一个可见、可触摸的样本。例如，在2020年，美国加州大学伯克利分校因疫情原因无法现场举行毕业典礼，学校决定在游戏"我的世界"这个虚拟世界中搭建一个与真实校园高度一致的"虚拟校园"，学生们通过相应设备，以"虚拟分身"的身份来到"虚拟校园"参加毕业典礼。

第三，从经济层面看，巨头们投入大量资金去开发"元宇宙"，这必然意味着它们看到了未来的商业前景。就目前情况而言，游戏是元宇宙的雏形，但元宇宙为游戏的内容创作带来了更广阔的自由度和用户活跃度，这意味着游戏厂商们可能有机会开辟游戏产业的新阵地。随着技术的不断成熟，元宇宙的下一发展阶段是在数字化世界中重构现实中的社交、消费等多个场景。

在当前互联网行业红利空间已经遇到瓶颈的情况下，元宇宙似乎为新一轮的增长机会和升级风口提供了可能。

现在明白了吗？到底什么是元宇宙？说实话，我到现在也没有完全弄清楚，但这并不影响二级市场股票的操作，因为元宇宙的风口已经到来。2021年9月6日，中青宝（300052）官方微信公众号宣布，公司将推出虚拟与现实梦幻联动模拟经营类元宇宙游戏《酿酒大师》。同年9月6日，中青宝股价从8.2元涨至42元，而到2022年股价回落至16元，见图6-56。

请注意，在2021年9月6日发布的信息中，中青宝使用了"将"这个字眼。2022年5月12日，中青宝收到深交所年报询问函。2022年5月19日，中青宝回复称，《酿酒大师》H5版本于2022年2月28日对外测试落地，整体预约号放量为6000个。本次测试主要是为了验证公司对数字孪生的初步探索是否符合市场预期，以及在此模式下的经济模型是否合理。值得一提的是，截至回函日，《酿酒大师》充值总流水为2444元，依据有关的具体

图 6-56　中青宝日线图

会计政策确认的营业收入的金额为 0 元。真的感觉是一场游戏，一场梦，但这并不妨碍中青宝的炒作。

题材本就是故事，而朦胧的故事才有想象空间。需要注意的是，题材的出现给了主力一个可供炒作的故事，但并不是每一个故事都能吸引散户。我们需要关注的是被市场认可的题材。

第三节　　"群雄争霸"

亮剑中有句话：英雄或优秀军人的出现，往往是由集体形式出现，而不是由个体形式出现。英雄来自集体，黑马来自黑马的团队。

那么，如何把握核心风口与市场机会？

1. 观察概念涨幅排名（行业排名用得较少）。目前市场按概念分有 200 多个板块，未来还会有新的板块不断加入。这些板块不需要都关注，按涨幅榜排名看前 50 名即可。

2. 查看涨停家数。通常在一个板块中要求最少有 3 只以上（含 3 只）股票涨停，这个板块才算是热点板块。

3. 观察涨停家数占比。有的板块过于庞大，如央企改革概念有近 400 只股票，而 400 只股票中出现 3 只股票涨停和 40 只股票的板块中出现 3 只股票涨停的意义肯定是不一样的。显然，在涨停家数相同的情况下，小板块比大板块更值得关注。

其中，核心风口是指昨天的热点板块中今天仍然有 3 只以上（含 3 只）股票涨停，且有连续涨停的股票出现。

风口实战应用案例

关于核心风口的应用，我们先以近期的热点案例来说明。

2023 年 2 月 17 日，中国证监会发布全面实行股票发行注册制相关制度规则，标志着全面实行股票发行注册制正式实施。证券交易所、全国股转公司、中国结算、中证金融、证券业协会配套制度规则同步发布实施。

受注册制全面实施的影响，市场普遍预期新股的发行将加快，这有利于券商，是一个具有想象力的题材。

我们通过 2 月 20 日（周一）的板块排行来看当天的情况（如图 6-57），可以看到证券板块整体涨幅为 4%，排在第 3 位，表现尚可。说明这个板块当天具有一定的热度，其中龙头股湘财股份以 10% 的涨幅居于榜首。但是，证券板块能否作为一个短线的风口板块来关注呢？我们再具体看一下证券板块当天的个股涨跌幅。

在当天的证券股票涨跌幅排行榜中（如图 6-58），我们看到只有湘财股份一只股票涨停，说明这个板块并没有形成风口。

图 6-59 红色方框区为 2 月 20 日（周一）开始，随后的证券板块除了湘财股份涨得不错之外，其他个股普遍表现一般。其中，湘财股份的短线走

	板块名称	均涨幅%↓	加权涨幅%	涨股比	涨5%数	涨停数	龙头股		龙头涨幅%	总成交
1	主要指数	7.65	--	20/20	1		涨跌家数		111.14	35366亿
2	电信运营	4.81	--	6/6	3		中国电信	R	10.09	96.2亿
3	工程机械	4.05	--	30/32	10		振华重工		10.05	130.5亿
4	证券	4.04	--	51/51	7		湘财股份	R	10.02	325.0亿
5	券商金股	3.72	--	7/7	2		恺英网络		10.02	120.1亿
6	在线消费	3.71	--	49/50	12		顺网科技	R	10.58	361.8亿
7	家居用品	3.66	--	61/66	14		森鹰窗业		17.16	54.7亿
8	保险	3.43	--	6/6	2		中国太保	R	5.75	60.9亿
9	云游戏	3.39	--	28/29	7		顺网科技		10.58	174.5亿
10	AIGC概念	3.36	--	93/105	19		因赛集团		14.77	619.4亿

图 6-57　2023 年 2 月 20 日板块排行

	代码	名称		涨跌幅度	前收盘	最高	最低	收盘	振荡幅度
区间分析--涨跌幅度	证券	区间:	2023-02-20,一	至 2023-02-20,一		前复权 点右键操作			
1	600095	湘财股份	R	0.90 10.10%	8.91	9.81	9.19	9.81	0.62 6.75%
2	601990	南京证券	R	0.75 8.69%	8.63	9.50	8.60	9.38	0.90 10.47%
3	601995	中金公司	R	3.08 7.98%	38.60	42.07	39.25	41.68	2.82 7.18%
4	002670	国盛金控	R	0.53 6.16%	8.60	9.19	8.67	9.13	0.52 6.00%
5	601136	首创证券	R	0.83 5.26%	15.77	16.93	15.77	16.60	1.16 7.36%
6	600621	华鑫股份	R	0.61 5.26%	11.59	12.23	11.75	12.20	0.48 4.09%
7	002945	华林证券	R	0.70 5.02%	13.94	14.94	14.03	14.64	0.91 6.49%
8	600958	东方证券	R	0.49 5.01%	9.78	10.34	9.91	10.27	0.43 4.34%
9	300059	东方财富	R	0.87 5.00%	17.40	18.35	17.51	18.27	0.84 4.80%

图 6-58　2023 年 2 月 20 日证券板块个股排行

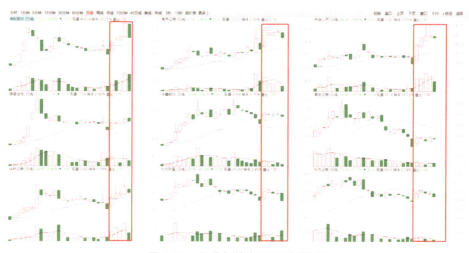

图 6-59　证券板块多股同列对比图

势最强，但是周五也几乎是以跌停板的方式报收。

我们关注市场的风口，特别要关注刚开始形成的核心风口。在本案例中，虽然证券板块表现不错，但并未形成核心风口，短线关注度较低。

市场风口的分析和关注需要不断实践和积累经验，以便更好地把握机会。下面我们来看几个案例：

1. 冷链物流板块风口分析

从图 6-60 中，我们可以看到：

区间分析–涨跌幅度 冷链物流 区间：2022-04-08,五 至 2022-04-08,五 前复权 点右键操作

	代码	名称		涨跌幅度	前收盘	最高	最低	收盘	振荡幅度
1	301058	中粮工科	Z	1.66 10.16%	16.34	18.92	16.25	18.00	2.67 16.43%
2	600693	东百集团		0.41 10.05%	4.08	4.49	3.98	4.49	0.51 12.81%
3	600603	广汇物流		0.39 10.00%	3.90	4.29	3.80	4.29	0.49 12.89%
4	301010	晶雪节能	Z	1.87 7.36%	25.41	27.28	24.67	27.28	2.61 10.58%
5	300257	开山股份	R	0.88 6.62%	13.30	14.20	13.33	14.18	0.87 6.53%

区间分析–涨跌幅度 冷链物流 区间：2022-04-11,一 至 2022-04-11,一 前复权 点右键操作

	代码	名称		涨跌幅度	前收盘	最高	最低	收盘	振荡幅度
1	001213	中铁特货	N	0.54 10.07%	5.36	5.90	5.90	5.90	0.00 0.00%
2	600603	广汇物流		0.43 10.02%	4.29	4.72	4.72	4.72	0.00 0.00%
3	600693	东百集团		0.45 10.02%	4.49	4.94	4.94	4.94	0.00 0.00%
4	600787	中储股份	R	0.54 10.02%	5.39	5.93	5.93	5.93	0.00 0.00%
5	002251	步 步 高	R	0.63 9.98%	6.31	6.94	6.30	6.94	0.64 10.16%
6	603648	畅联股份		0.91 9.98%	9.12	10.03	10.03	10.03	0.00 0.00%
7	603336	宏辉果蔬		0.73 9.95%	7.34	8.07	7.45	8.07	0.62 8.32%

图 6-60　冷链物流板块涨幅排行

2022 年 4 月 8 日（周五），冷链物流板块中粮工科涨幅排名第一，但没有涨停。当天有两只股票涨停：东百集团和广汇物流。然而，此时两只股票的涨停还不能证明该板块成为市场热点。

4 月 11 日（周一），冷链物流板块中多只股票涨停，其中广汇物流和东百集团连续涨停，同时当日新涨停的股票包括中储股份、*ST 步高和畅联股份。此时该板块成为市场风口。

4 月 12 日（周二），冷链物流板块再次出现多只股票涨停（如图 6-61），

区间分析--涨跌幅度 冷链物流 区间：2022-04-12,二 至 2022-04-12,二 前复权 点右键操作

	代码	名称		涨跌幅度↓	前收盘	最高	最低	收盘	振荡幅度
1	300013	新宁物流		0.86 19.91%	4.32	5.18	4.62	5.18	0.56 12.12%
2	603648	畅联股份		1.00 10.66%	9.38	10.38	9.34	10.38	1.04 11.13%
3	600787	中储股份	R	0.59 10.41%	5.67	6.26	5.95	6.26	0.31 5.21%
4	000582	北部湾港	R	1.04 10.36%	10.04	11.08	9.60	11.08	1.48 15.42%
5	603187	海容冷链		2.00 10.24%	19.54	21.54	18.83	21.54	2.71 14.39%
6	002251	*ST步高		0.69 10.09%	6.84	7.53	7.14	7.53	0.39 5.46%
7	002639	雪人股份	R	1.22 10.03%	12.16	13.38	11.95	13.38	1.43 11.97%
8	600693	东百集团		0.49 10.02%	4.89	5.38	5.38	5.38	0.00 0.00%
9	600603	广汇物流		0.47 9.96%	4.72	5.19	5.19	5.19	0.00 0.00%
10	000417	合肥百货	R	0.37 8.04%	4.60	4.99	4.52	4.97	0.47 10.40%

图 6-61　4 月 12 日冷链物流板块涨幅排行

其中广汇物流、东百集团连续三个涨停，中储股份、*ST 步高和畅联股份也同时涨停。冷链物流板块在当日成为市场核心风口。

广汇物流和东百集团连续涨停难以买入，而中储股份涨停后的买入位置也是高位被套。这似乎验证了市场上流行的一句话："低吸富三代，追涨毁一生"。

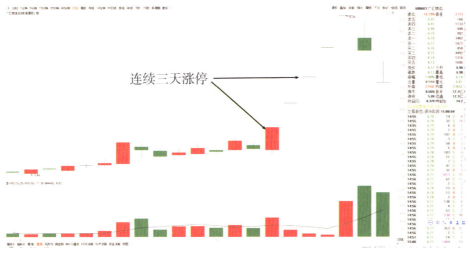

图 6-62 广汇物流日线图

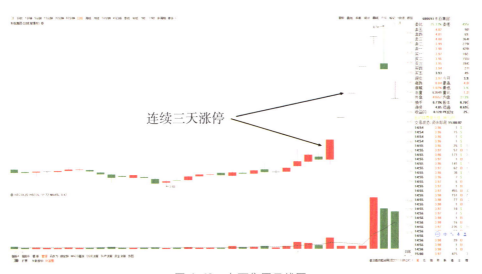

图 6-63 东百集团日线图

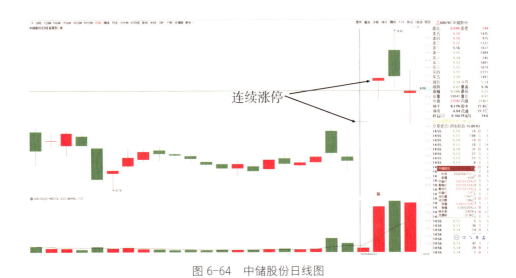

图 6-64　中储股份日线图

　　然而，*ST 步高和畅联股份在 4 月 12 日之后连续涨停。显然，打板并非盲目追涨。要抓住畅联股份或 *ST 步高这样的机会，还需结合"六维共振"中的其他要素。

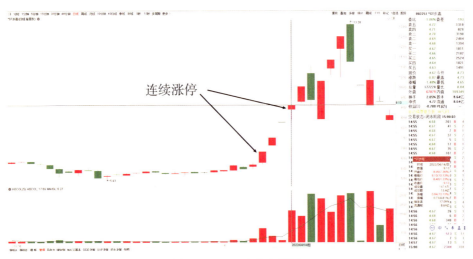

图 6-65　*ST 步高日线图

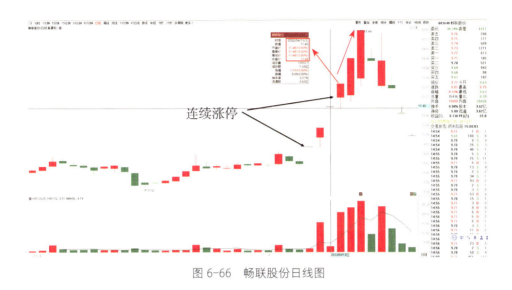

连续涨停

图 6-66　畅联股份日线图

2. 新冠药板块风口分析

2021 年 12 月 21 日（周二），新冠药板块没有涨停股票。12 月 22 日（周三），新冠药概念股票出现多只涨停，此时该板块成为市场风口。然而，在 12 月 23 日，新冠药涨停股票中，只有雅本化学一只股票连板，当天涨停股票仅此一只。此时，该板块并未形成持续热点，不构成核心风口。

但在 22 日和 23 日，雅本化学连续涨停，初显龙头迹象。需注意的是，科创板和创业板的涨停幅度为 20%，连续两个涨停板就是 40% 的涨幅，可能一下子就消化了该题材的炒作空间。因此通常情况下，我们在考虑未来有连续上涨可能性的股票中，不以科创板和创业板的票为优先，除非它们是市场明确的龙头。

区间分析-涨跌幅度 新冠药概念 区间:2021-12-21,二 至 2021-12-21,二 前复权 点右键操作

	代码	名称	涨跌幅度↓	前收盘	最高	最低	收盘	振荡幅度
1	000756	新华制药 R	1.06 10.38%	10.21	11.27	10.21	11.27	1.06 10.38%
2	002082	万邦德	1.16 10.08%	11.51	12.67	12.57	12.67	0.10 0.80%
3	002424	贵州百灵 R	0.61 10.02%	6.09	6.70	6.55	6.70	0.15 2.29%
4	300261	雅本化学	0.58 6.98%	8.31	9.07	8.25	8.89	0.82 9.94%
5	000153	丰原药业	0.62 5.30%	11.69	12.34	11.61	12.31	0.73 6.29%

区间分析-涨跌幅度 新冠药概念 区间:2021-12-22,三 至 2021-12-22,三 前复权 点右键操作

	代码	名称	涨跌幅度↓	前收盘	最高	最低	收盘	振荡幅度
1	300261	雅本化学 R	1.79 20.13%	8.89	10.68	8.85	10.68	1.83 20.68%
2	300204	舒泰神	2.33 14.22%	16.38	19.66	16.10	18.71	3.56 22.11%
3	002349	精华制药 R	0.60 10.24%	5.86	6.46	5.80	6.46	0.66 11.38%
4	605116	奥锐特	1.82 10.18%	17.88	19.70	17.53	19.70	2.17 12.38%
5	002873	新天药业	1.07 10.15%	10.54	11.61	10.54	11.61	1.07 10.15%
6	002082	万邦德	1.28 10.10%	12.67	13.95	13.95	13.95	0.00 0.00%
7	600668	尖峰集团	1.24 10.06%	12.33	13.59	12.18	13.57	1.41 11.58%
8	002584	西陇科学	0.75 10.04%	7.47	8.22	7.33	8.22	0.89 12.14%
9	600771	广誉远	3.96 10.01%	39.58	43.54	39.49	43.54	4.05 10.26%
10	002424	贵州百灵 R	0.67 10.00%	6.70	7.37	7.37	7.37	0.00 0.00%
11	605589	圣泉集团 R	2.34 6.82%	34.31	37.30	34.10	36.65	3.20 9.38%

区间分析-涨跌幅度 新冠药概念 区间:2021-12-23,四 至 2021-12-23,四 前复权 点右键操作

	代码	名称	涨跌幅度↓	前收盘	最高	最低	收盘	振荡幅度
1	300261	雅本化学	2.15 20.13%	10.68	12.83	11.82	12.83	1.01 8.54%
2	301211	亨迪药业	3.98 13.04%	30.52	36.92	32.75	34.50	4.17 12.73%
3	300398	飞凯材料	1.81 9.16%	19.75	22.82	20.80	21.56	2.02 9.71%
4	300452	山河药辅	1.00 7.96%	12.57	14.12	12.50	13.57	1.62 12.96%
5	300412	迦南科技	0.43 6.05%	7.11	7.68	6.86	7.54	0.82 11.95%

图 6-67 新冠药板块涨幅排行（2021 年 12 月 21 日至 23 日）

接下来，我们观察 12 月 24 日（周五）和 12 月 27 日（周一），新冠药板块连续两天出现股票涨停，并且其中广生堂、精华制药和大理药业都是连续涨停，此时该板块在市场中构成核心风口。

现在我们来看一下几只股票后期的表现：

雅本化学：12 月 23 日之后大幅上涨，但并不符合我们所说的龙头标准。

大理药业：12 月 27 日之后高开低走，如果追涨，极易造成被套。

广生堂：12 月 27 日之后小幅上涨，随后下跌。

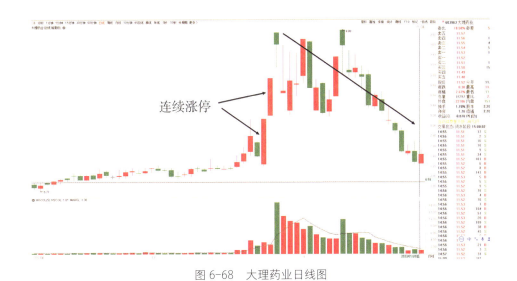

连续涨停

图 6-68　大理药业日线图

精华制药：12 月 27 日之后连续涨停。

虽然都是连续涨停，但买入后的结果却不尽相同。精华制药无疑成为市场龙头，那么如何在龙头出现时准确把握精华制药呢？关于这一点，将在"六维共振"锁龙头的实战案例中结合其他要素为大家进行综合讲解。

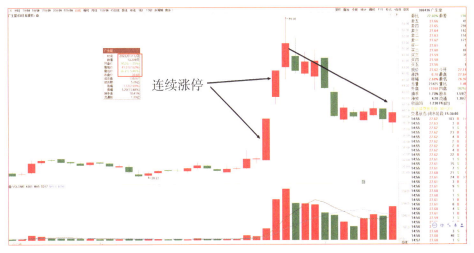

连续涨停

图 6-69　广生堂日线图

图 6-70　精华制药日线图

第四节　"见龙在田"

本节主要讨论的是"见龙在田"策略，它需要结合之前提到的N形"双响炮"策略。"见龙在田"是相对于"潜龙勿用"而言，"潜龙勿用"指的是在N形"双响炮"策略中提到的主力建仓初期，此时投资者不要急于买入。而"见龙在田"则是在主力充分建仓后，手中已经掌握足够筹码的情况下，股票冲破压力位并出现在市场的风口。此时上方阻力较小，更容易产生大幅上涨。

该策略需要结合以下三点：

1. 长期下跌；

2. 中期底部；

3. 短期强势。

当这三点同时出现时，代表相对安全的介入点。

长期下跌

在讲解"黑马摇篮"策略时，我们提到过短线游资喜欢炒作小盘股。当一只股票从高位经历持续下跌，尤其是在大幅下跌过程中出现放量暴跌，会在上方形成大量套牢筹码。这些套牢筹码通常不会轻易被抛售。这样的股票在原有的小盘股基础上，又锁定了大量高位套牢筹码，从而使可流通筹码变得更加稀缺。

以西安饮食为例，该股流通股仅有 4.36 亿股。当股价在 3 元左右时，其流通市值也就十几亿元。如图 6-71 所示，该股从 16 元跌至 3 元多，这个长期下跌过程中，图中"1"位置出现了相对高位放量，对应价格约为 12 元，随后快速下跌，这导致 12 元买入的投资者短期内损失惨重。图 6-71 中"2"位置，大盘上涨，但该股再次暴跌至 3 元多，这使得 12 元买入的投资者不

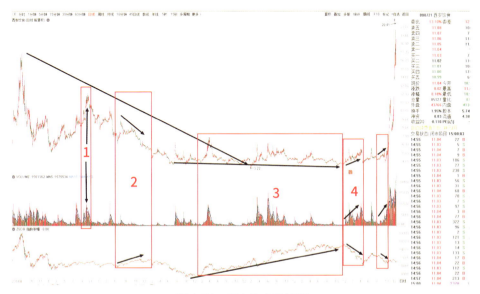

图 6-71 西安饮食日线图

愿卖出，实际上相当于他们退出了流通市场。换句话说，当该股跌至 3 元时，实际上的流通筹码仅有几亿元，成为一只稀缺股。

这里我们引入低位、低价、低市值的概念。一只低市值股票在暴跌后变成稀缺股，主力只需少量资金就能将其炒作至相对高位。同时，当股价降低时，也能吸引更多散户投资者参与。

中期底部

西安饮食股价在 3 元附近经历了较长时间的横盘整理。在此横盘期间，多次出现底部放量，说明主力有一定的建仓意愿。当主力在低位建仓不足时，股价强行上扬会遭遇获利盘和解套盘两股卖压。中长线主力通常关注价格的绝对低成本，在建仓过程中有足够的耐心吸筹而不是仅仅拉升。这就是其总体走势仍弱于大盘（如图 6-71 中"3"位置）的原因，也是我们不提倡在底部买入股票的原因。投资者如果买入过早，即使买在图 6-71 中"4"位置也会经历不少的波动。

在这段时间的建仓区，高点和低点之间形成一个横向的箱体。在这段时间，大盘上涨，高位套牢的投资者始终无法获利。随着时间推移，越来越多的投资者失去信心并卖出手中股票。当越来越多的持股者在无奈中卖出股票后，大盘持续下跌，但该股底部却不断抬高，说明主力在不断买入（如图 6-72 中"4"位置）。底部横盘时间越长，卖出股票的人越多，这样主力在低位就能拿到更多廉价筹码，从而降低未来拉升时的压力。

短期突破

图 6-71 中的"4"中，股价连续出现在大盘暴跌的时候放量上涨的走势，

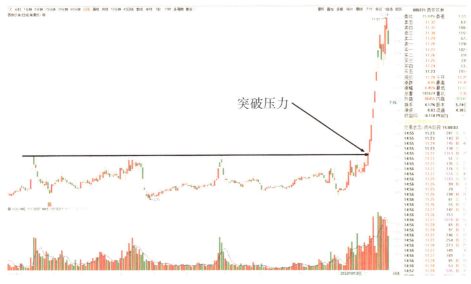

图 6-72　西安饮食日线图

说明主力已经进入建仓的末期，但是仍然无法确定主力是否会再次洗盘。

图 6-72 显示，股价的总体走势在压力线下方形成了大级别的 N 形"双响炮"。当股价突破压力位时，近一年内高位买入的投资者解套，这在大盘不佳时会吸引大量买盘。股票放量大涨，突破压力位，主力拉高建仓迹象明显，形成"见龙在田"走势。随后，该股快速脱离建仓成本区域。

现在让我们回顾一下之前提到的 2022 年 4 月 12 日那张关于冷链物流板块"群雄争霸"的图：

在这张图中，广汇物流和东百集团连续封涨停板，无法买入，我们暂时将它们放在一边。

区间分析-涨跌幅度 冷链物流 区间: 2022-04-12,二 至 2022-04-12,二 前复权 点右键操作

	代码	名称		涨跌幅度↓	前收盘	最高	最低	收盘
1	300013	新宁物流		0.86 19.91%	4.32	5.18	4.62	5.18
2	603648	畅联股份		1.00 10.66%	9.38	10.38	9.34	10.38
3	600787	中储股份	R	0.59 10.41%	5.67	6.26	5.95	6.26
4	000582	北部湾港	R	1.04 10.36%	10.04	11.08	9.60	11.08
5	603187	海容冷链		2.00 10.24%	19.54	21.54	18.83	21.54
6	002251	*ST步高		0.69 10.09%	6.84	7.53	7.14	7.53
7	002639	雪人股份	R	1.22 10.03%	12.16	13.38	11.95	13.38
8	600693	东百集团		0.49 10.02%	4.89	5.38	5.38	5.38
9	600603	广汇物流		0.47 9.96%	4.72	5.19	5.19	5.19
10	000417	合肥百货	R	0.37 8.04%	4.60	4.99	4.52	4.97

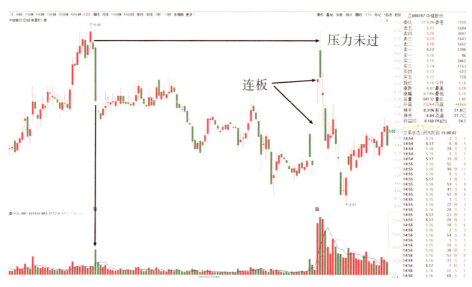

图 6-73　2022 年 4 月 12 日冷链物流“群雄争霸”图

图 6-74　中储股份日线图

中储股份在 4 月 12 日已经连续两天涨停。然而，我们可以看到它距离前期的 7.09 元仍较低，第二天即使大涨也容易受到前期套牢盘解套的抛压，从而形成压力位。

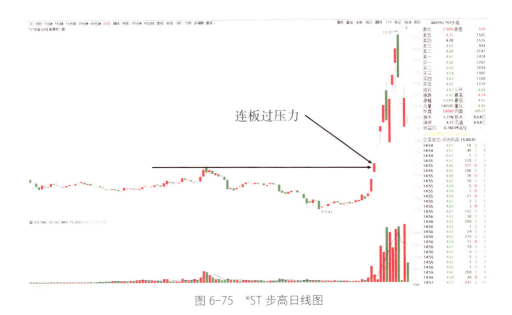

连板过压力

图 6-75　*ST 步高日线图

　　*ST 步高在 4 月 12 日涨停之后，股价已经达到了前期高点的位置，第二天直接封住涨停板。突破阻力位的最佳方式就是迅速冲击。前期高点被套的投资者看到封住涨停板后，就不会卖出了，反而减少了上涨途中的压力。

　　畅联股份在 4 月 12 日的上涨过程中，已经成功地超越了前期高点，形成了"见龙在田"的走势，上方空间被打开。

　　现在我们再来看一下在上一节提到的新冠药板块：

　　在 12 月 27 日新冠药板块形成核心风口之际，广生堂、精华制药和大理药业均出现了连续涨停板，其中广生堂为创业板股票，暂不作为优选。我们分别来看另外两只股票大理药业和精华制药的走势：

　　图 6-77 中可以看到大理药业在 12 月 27 日出现了连续的涨停板，但其上方就是前期高点放量投资者被套牢的位置，股价的压力没有过，第二天上涨过程中容易受到前期解套盘的抛压。

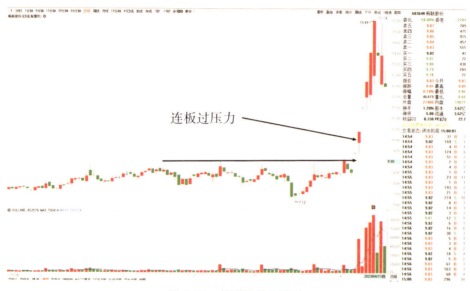

图 6-76　畅联股份日线图

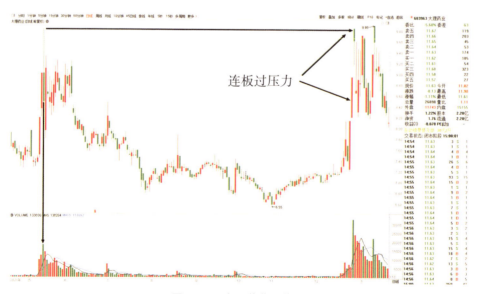

图 6-77　大理药业日线图

　　而在 12 月 27 日，精华制药连续涨停，超越前期高点的放量位置，形成了"见龙在田"走势，上升空间因此打开，成为后期市场的龙头。

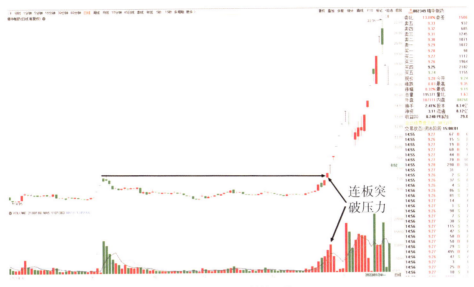

连板突破压力

图 6-78　精华制药日线图

第五节　"二级火箭"：拉高建仓与突破策略

　　"见龙在田"策略关注的是位置，强调长期下跌、中期底部和短期突破。而"二级火箭"策略则侧重于突破时的量价，强调连续拉高建仓过程。此外，"六维共振"中的六个要素并非独立存在，它们需要相互结合。

　　我们以浙江建投（002761）启动前的整体走势图为例进行说明。

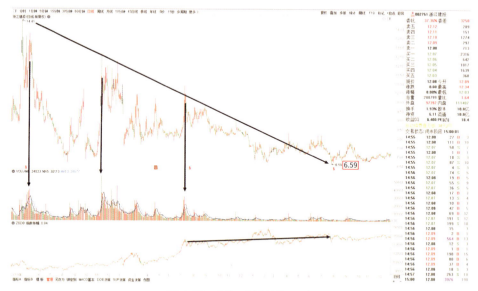

图 6-79　浙江建投长期下跌

1. 长期的下跌

浙江建投流通股仅 2.43 亿股，在 7 元时，流通市值理论上约为 160 亿元。该股从 14.41 元跌至 6.59 元，见图 6-79。在这个长期下跌过程中，多次出现放大量后的暴跌，成为一只"袖珍股"。

2. 中期底部

浙江建投在 7 元左右的底部持续了 2 年，如图 6-80 所示。

3. "二级火箭"抢筹

这里所说的拉高建仓，使用"二级火箭"这个词是为了强调主力在建仓过程中连续放量、大幅拉升。

浙江建投长期低迷，底部横盘两年多，在大盘下跌时，连续放量强行拉升，形成拉高建仓的"二级火箭"走势。该股突破压力线后，上升空间得以打开。

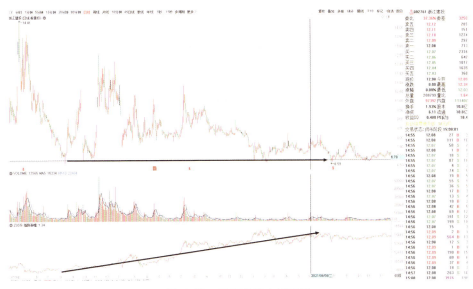

图 6-80　浙江建投中期底部

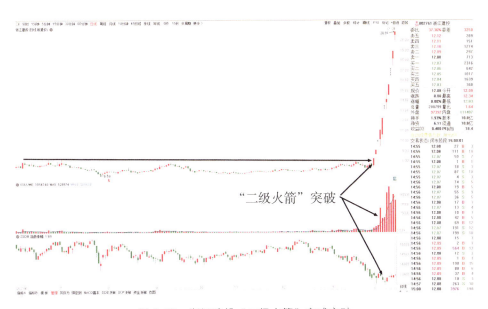

图 6-81　浙江建投"二级火箭"方式突破

以下是其他几只以"二级火箭"方式突破的股票：

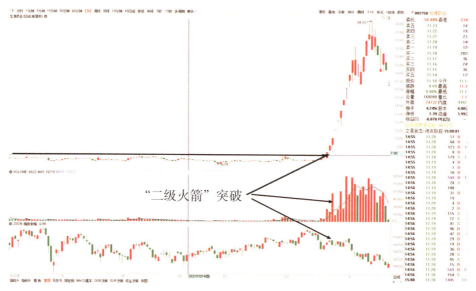

图 6-82　龙津药业"二级火箭"方式突破

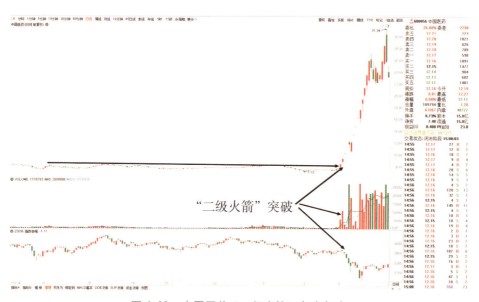

图 6-83　中国医药"二级火箭"方式突破

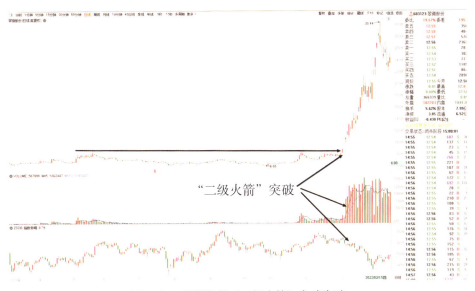

图 6-84 翠微股份"二级火箭"方式突破

需要注意的是，如果连续涨停板中出现无量一字板，需要在第二天补量。

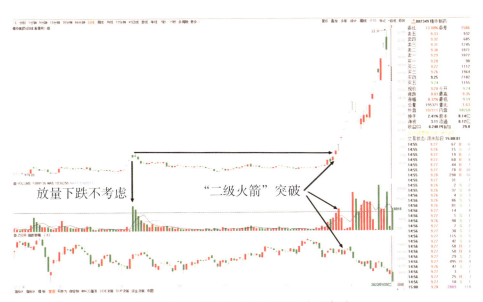

图 6-85 精华制药"二级火箭"方式突破

注意，连板无量或放量下跌不考虑。

第六节　锁定龙头

本节将通过案例来讲解锁定龙头的策略。

元宇宙龙头——美盛文化

一呼百应，极具想象力的题材

在元宇宙崛起的时刻，人类的生活也随之激动人心。从 1992 年科幻小说《雪崩》中诞生"元宇宙"一词以来，这个概念逐渐引起了广泛关注。如今，这个庞大的虚拟现实世界已经深入人类生活的方方面面，为我们创造了无限可能。

2020 年，新冠疫情期间，互联网成为人们日常生活的重要一环，宅经济迅速发展，线上生活逐渐成为一种新的常态。疫情加速了社会虚拟化，人类开始大规模向虚拟世界迁移，成为现实世界与数字世界的"两栖物种"。

元宇宙作为一呼百应的题材，成为资本市场的新宠。2021 年 3 月，被称为元宇宙第一股的罗布乐思（Roblox）正式在纽约证券交易所上市，标志着元宇宙行业的崛起。随后，越来越多的科技巨头纷纷加入元宇宙研发之列。同年 5 月，微软首席执行官萨蒂亚·纳德拉表示公司正在努力打造一个"企业元宇宙"。

2021 年 6 月，全球首款 AI 人工智能数字皮影藏品登录元宇宙。接着在 8 月，海尔发布制造行业首个智造元宇宙平台，实现智能制造物理和虚拟融合。同月，英伟达宣布推出全球首个为元宇宙建立提供基础的模拟和协作的平台。

2021 年，元宇宙产业发展的态势不可阻挡。9 月，《2020—2021 中国元宇宙产业白皮书》启动会成功举办。仅一个月后，美国社交媒体巨头脸书（Facebook）宣布更名为"元"（Meta），进一步证明了元宇宙在全球科技产业的影响力。

2021 年 11 月，虚拟世界平台"Decentraland"发布消息，巴巴多斯将在元宇宙设立全球首个大使馆，暂定于 2022 年 1 月启用，元宇宙的影响力随之不断扩大。如今，元宇宙已经不仅仅局限于科技产业，它更是成为国际政治和外交关系的新领域。

与此同时，元宇宙也深入普通人的生活。在这个虚拟世界中，人们可以拥有自己的虚拟替身，与现实世界中的朋友、家人和同事相聚。他们在元宇宙中旅行、学习、工作，甚至建立新的商业模式。在这个宽广的数字领域，人们可以通过自己的数字化身来控制并相互竞争以提高自己的地位。

元宇宙的快速发展，催生了新的创新者和企业家。他们在这个数字世界中创建独特的产品和服务，为人类的现实生活带来了更多的便利与可能。此外，艺术家和设计师们也在元宇宙中表现出无限的创意，为虚拟世界增添了丰富多彩的艺术氛围。

随着技术的进步和人类对虚拟世界的探索，元宇宙逐步成为现实世界的补充和延伸。人类在这个跨越现实与虚拟的世界中，共同书写着一段精彩的元宇宙崛起史。

在未来的日子里，元宇宙将继续深化与现实世界的融合，为人类社会带来前所未有的变革。在这个虚拟世界里，人类将继续探索新的科技、新的生活方式，共同迈向更为光明的未来。而这一切，都始于元宇宙这个概念的诞生，以及资本市场对其的炒作与关注。

朦朦胧胧的故事

元宇宙这一概念在不同领域的定义有所差异，但总体上，它指的是一个通过科技手段链接、创造并与现实世界映射与交互的虚拟世界。这个虚拟世界具备新型社会体系的数字生活空间，融合了虚拟与现实世界，为人们提供沉浸式体验。以下是一些关于元宇宙定义的解释：

北京大学陈刚教授、董浩宇博士认为：元宇宙是利用科技手段进行链接与创造的、与现实世界映射与交互的虚拟世界，具备新型社会体系的数字生活空间。

清华大学新闻学院沈阳教授表示：元宇宙是整合多种新技术而产生的新型虚实相融的互联网应用和社会形态，它基于扩展现实技术提供沉浸式体验，以及数字孪生技术生成现实世界的镜像，通过区块链技术搭建经济体系，将虚拟世界与现实世界在经济系统、社交系统、身份系统上密切融合，并且允许每个用户进行内容生产和编辑。

从交叉定义的角度，一些学者提出元宇宙可以从时空性、真实性、独立性和连接性四个方面进行阐述：元宇宙是一个空间维度上虚拟而时间维度上真实的数字世界；既包含现实世界的数字化复制物，也有虚拟世界的创造物；它是一个与外部真实世界既紧密相连，又高度独立的平行空间；元宇宙是一个把网络、硬件终端和用户囊括进来的一个永续的、广覆盖的虚拟现实系统。

准确地说，元宇宙不仅仅是一个新概念或新技术，它更是在扩展现实

（XR）、区块链、云计算、数字孪生等技术下的概念具化。

综上所述，元宇宙作为一个综合性概念，包含了多种技术与应用，旨在创造一个连接虚拟与现实、拥有新型社会体系的数字生活空间。在元宇宙中，个体可以体验沉浸式互动，参与内容生产与编辑，实现现实与虚拟世界之间的无缝融合。元宇宙的概念仍在不断发展和演变，各种参与者都在以自己的方式丰富着它的含义。

在元宇宙中，区块链技术发挥着重要作用，为虚拟世界提供了去中心化的经济体系，使用户可以拥有、交易和管理虚拟资产。同时，云计算技术支持了庞大的计算需求，使得元宇宙能够实现更强的处理能力和存储需求。

在这个庞大的数字生活空间中，个体可以建立新的社交网络，开展商业活动，甚至在虚拟世界中创造全新的职业。元宇宙的出现让人们对现实生活的可能性有了全新的认识，为未来的发展提供了广阔的想象空间。

随着元宇宙的普及和发展，我们将看到越来越多的行业和领域受到其影响，从教育、娱乐、艺术到医疗、科研等，都将以全新的方式融入元宇宙。元宇宙将对现实世界产生深远的影响，引领人类社会进入一个充满无限可能的新时代。

然而，元宇宙的发展也带来了一系列挑战，如隐私保护、数据安全、版权保护等问题。为了应对这些问题，相关政策和技术需要不断完善和创新，以确保元宇宙能够健康、可持续地发展。

总之，元宇宙是一个充满创新和潜力的新兴领域，它旨在将虚拟与现实相融合，创造一个全新的数字生活空间。我们将继续见证元宇宙的发展和演变，以及它在未来改变人类生活的潜力。

"群雄争霸"

2021年12月8日12月9日，元宇宙概念板块连续两天出现涨停潮，尤其是美盛文化（后更名为 *ST 美盛）成为领军者。在分析这些股票时，我们需要关注它们是否与元宇宙概念密切相关。

美盛文化当时已经精准切入了 AR 和 VR 领域，与国内领先的 AR、VR 内容创造和发行商创幻科技，以及 VR 线下体验互动平台超级队长展开合作，进行虚拟现实领域的前瞻性产业布局。这表明该公司已经开始涉足元宇宙相关领域。

区间分析-涨跌幅度 元宇宙概念 区间: 2021-12-08,三 至 2021-12-08 三 前复权 点右键操作

	代码	名称	涨跌幅度↓	前收盘	最高	最低	收盘	振荡幅度
1	300364	中文在线 R	2.87 19.99%	14.36	17.23	13.76	17.23	3.47 25.22%
2	688039	当虹科技 K	7.33 16.81%	43.61	51.50	42.92	50.94	8.58 19.99%
3	300007	汉威科技 R	3.06 12.06%	25.38	28.68	25.22	28.44	3.46 13.72%
4	002624	完美世界 R	1.90 10.87%					
5	603977	国泰集团	0.98 10.25%					
6	000925	众合科技	0.81 10.05%					
7	002456	欧菲光	0.83 10.05%					
8	002699	*ST美盛	0.43 9.02%					
9	300058	蓝色光标	0.68 9.54%					
10	300322	硕贝德 R	1.06 7.86%					
11	300331	苏大维格 R	2.72 7.81%					
12	300691	联合光电 R	1.64 7.30%					

区间分析-涨跌幅度 元宇宙概念 区间: 2021-12-09,四 至 2

	代码	名称	涨跌幅度↓	前收盘
1	300860	锋尚文化	9.78 20.03%	48.82
2	300264	佳创视讯	1.12 10.36%	10.81
3	002699	*ST美盛	0.48 10.08%	4.76
4	002232	启明信息 R	2.05 10.07%	20.36
5	002655	共达电声	1.52 10.03%	15.15
6	000071	福石控股	0.26 9.09%	2.86
7	300220	ST金运	1.55 7.43%	20.87

图 6-86　元宇宙概念板块涨停潮

*ST美盛 002699	最新动态 新闻公告	公司资料 概念题材	股东研究 主力持仓	经营分析 财务分析	股本结构 分红融资	资本运作 公司大事	盈利预测 行业对比

常规概念　其他概念　题材要点　概念对比

7　虚拟现实　　银宝山新 广博股份 天威视讯　　公司精准切入AR、VR领域，与国内领先... 收起▲

公司精准切入AR、VR领域，与国内领先的AR、VR内容创造和发行商创幻科技和VR线下体验互动平台超级队长展开合作，进行虚拟现实领域的前瞻性产业布局

图 6-87　美盛文化题材概念

"见龙在田"

在图 6-88 中，从股票走势图上看，美盛文化在"1"位置建仓，"2"位置洗盘，"3"位置在大盘下跌时明显止跌，表明该位置可能是主力的成本区所在。"4"位置放量上扬二次建仓，"5"位置突破前期高点。这些信号表明美盛文化可能具备进一步上涨的潜力。

图 6-88　美盛文化日线图

"黑马摇篮"

在图 6-89 中，"6"位置显示美盛文化为小市值散户盘。

然而，需要注意的是，美盛文化长期处于亏损边缘，如图 6-90，2021年 9 月报表显示微盈利。此外，图 6-89 中 2021 年三季度报表显示，机构持仓不足 0.01%，是一只典型的没有机构参与的股票。这些因素都可能对股票的稳定性和持续增长产生影响。

图 6-89　美盛文化机构持股汇总

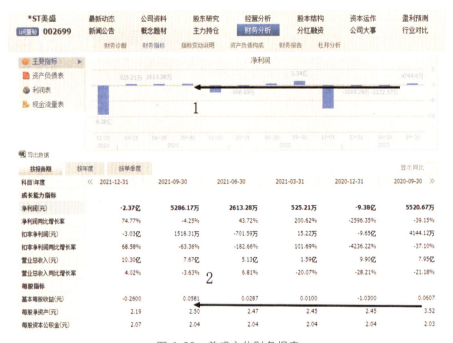

图 6-90　美盛文化财务报表

"二级火箭"

从图 6-91 看，美盛文化已连续以 10% 的放量上扬，以"二级火箭"的强势吸筹方式涨过前期的压力位（见"5"的位置）。这表明市场对该股票的热情较高，有可能使该股在短期内继续保持上涨势头。

图 6-91　美盛文化日线图

"龙头初现"

在元宇宙概念板块中，美盛文化表现抢眼。从 12 月 7 日开始，该板块只有一只股票涨停，但在 12 月 8 日和 12 月 9 日，多只股票涨停，其中美盛文化成为连板龙头。这也进一步证实了美盛文化在元宇宙概念板块中的领导地位。

从图 6-93 中，我们可以看到，美盛文化在"1"位置出现明显的横盘走势，随后以"二级火箭"的方式突破之前的压力位。这说明，"1"的底部和压力

区间分析-涨跌幅度 元宇宙概念 区间:2021-12-07,二 至 2021-12-07,二 前复权 点右键操作

	代码	名称		涨跌幅度↓	前收盘	最高	最低	收盘	振荡幅度
1	002232	启明信息	R	1.79 10.05%	17.81	19.60	17.35	19.60	2.25 12.97%
2	300133	华策影视		0.28 5.02%	5.58	5.99	5.55	5.86	0.44 7.93%
3	300052	中青宝		1.48 4.87%	30.40	32.65	29.20	31.88	3.45 11.82%
4	300364	中文在线		0.66 4.82%	13.70	15.98	13.50	14.36	2.48 18.37%
5	002555	三七互娱		1.01 4.68%	21.57	22.60	21.56	22.58	1.04 4.82%

区间分析-涨跌幅度 元宇宙概念 区间:2021-12-08,三 至 2021-12-08,三 前复权 点右键操作

	代码	名称		涨跌幅度↓	前收盘	最高	最低	收盘	振荡幅度
1	300364	中文在线		2.87 19.99%	14.36	17.23	13.76	17.23	3.47 25.22%
2	688039	当虹科技		7.33 16.81%	43.61	51.50	42.92	50.94	8.58 19.99%
3	300007	汉威科技		3.06 12.06%					3.46
4	002624	完美世界		1.90 10.87%					
5	603977	国泰集团		0.98 10.25%					
6	000925	众合科技		0.81 10.05%					
7	002456	欧菲光		0.83 10.05%					
8	002699	*ST美盛		0.43 9.93%					
9	300058	蓝色光标		0.68 9.54%					
10	300322	硕贝德	R	1.06 7.86%					

区间分析-涨跌幅度 元宇宙概念 区间:2021-12-09,四 至

	代码	名称		涨跌幅度↓	前收盘
1	300860	锋尚文化		9.78 20.03%	48.82
2	300264	佳创视讯		1.12 10.36%	10.81
3	002699	*ST美盛		0.48 10.08%	4.76
4	002232	启明信息	R	2.05 10.07%	20.36
5	002555	共达电声		1.52 10.03%	15.15
6	300071	福石控股		0.26 9.09%	2.86

图 6-92 元宇宙概念板块排行

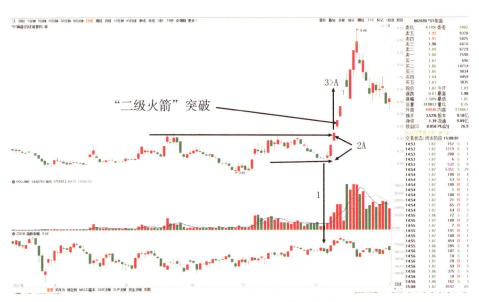

图 6-93 美盛文化"二级火箭"突破

线之间为主力的建仓区间（如图中"2"的位置）。如果这个建仓区间为 A，当股价突破压力线后，未来的理论上涨空间应该大于 A（见图中"3"的位置）。这意味着美盛文化在突破压力位后，可能有进一步上涨的空间。

综合以上分析，美盛文化在元宇宙概念板块中表现强势，具备一定的上涨潜力。然而，需要注意的是，投资者在关注其技术面表现的同时，仍需关注公司的基本面情况，如业绩、市值和机构持仓等。投资者应结合自身投资目标和风险承受能力，对美盛文化的投资风险和收益进行权衡，并作出明智的投资决策。

房地产龙头案例分析——天保基建

一呼百应的题材

房地产行业作为国民经济的重要支柱，如何实现健康发展一直备受关注。在 2022 年 3 月 16 日国务院金融委专题会议上，政府明确表示要及时研究和提出有力有效的防范、化解风险应对方案。随后，财政部、证监会、银保监会和人民银行等多部门纷纷表态，为房地产行业的可持续发展提供政策支持。这一举措对房地产板块产生了积极影响，进一步激发了市场的投资热情。

群雄争霸：房地产板块崛起

2022 年 3 月 17 日早晨，房地产板块迎来了利好消息。实际上，在 3 月 16 日，房地产板块已有多只股票涨停。受政策利好影响，3 月 17 日房地产板块再次大幅上涨。身处创业板的特发信息两天涨幅达 27%，天保基建、苏州高新等股票则连续涨停。

	代码	名称		涨跌幅度↓	前收盘	最高	最低	收盘
				4.54				
1	300917	特发服务	R	27.75%	16.36	20.90	16.28	20.90
2	000965	天保基建		0.63 21.50%	2.93	3.56	2.90	3.56
3	600736	苏州高新	R	1.03 21.41%	4.81	5.84	4.79	5.84
4	000620	*ST新联		0.52 20.88%	2.49	3.01	2.43	3.01
5	001914	招商积余	R	2.26 17.97%	12.58	14.84	12.40	14.84
6	600159	大龙地产		0.46 17.49%	2.63	3.09	2.64	3.09
7	002016	世荣兆业	R	0.77 16.56%	4.65	5.42	4.66	5.42
8	600684	珠江股份		0.55 15.58%	3.53	4.25	3.59	4.08

区间分析-涨跌幅度 房地产1 区间: 2022-03-16,三 至 2022-03-17,四 前复权 点右键操作

图 6-94　房地产板块排行榜

"见龙在田"：寻找潜在龙头股

苏州高新在 3 月 17 日之前出现过一个放量高点，但直到 18 日才以涨停的方式突破前期高点。

图 6-95　苏州高新日线图

图 6-96　宋都股份日线图

图 6-97　宋都股份基本面

　　宋都股份（后为 *ST 宋都，现已摘牌）在 3 月 16 日已经出现连续 4 个涨停板（见图 6-97 中"1"的位置）。在连续涨停之前，该股票在"2"和"3"的位置明显表现出建仓和洗盘动作。它的启动比其他房地产股票要早，因此我们需要关注一下它此前是否有其他板块的概念炒作。

　　通过查询公司基本面（见图 6-97），可知宋都股份主营业务为实业投资和企业管理咨询，将其归入房地产板块显然有些牵强。尽管该股在 3 月 17 日连续 4 个涨停板，但它不能作为房地产的龙头股。

新华联（现 *ST 新联）在 3 月 17 日涨停时仍位于前期高点之下，上方阻力位较大，见图 6-98。

再来看天保基建，首先回顾一下 2 月 15 日该股头部形成时的分时图（见图 6-99）。当天最高价为 3.92 元，但分时图显示最高位置不到 3.89 元，显然这个 3.92 元是瞬间形成的，并不构成后期压力。

天保基建在 3 月 17 日以一字板的方式涨停，成交量未放大；3 月 18 日再次涨停（见图 6-100），收盘价为 3.92 元。尽管与之前的 3.92 元高点持平，但实际上已经突破了前期阻力位，形成"见龙在田"走势。

再来看天保基建与房地产热点炒作的契合程度。通过了解基本面（见图 6-101），可知公司从事房地产开发、物业出租和物业管理等业务，显然比宋都股份更符合房地产概念。

图 6-98　新华联日线图

图 6-99　天保基建日线图与 2 月 15 日分时图

图 6-100　天保基建日线图与 3 月 18 日分时图

公司名称	天津天保基建股份有限公司	英文名称	Tianjin Tianbao Infrastructure Co., Ltd.
证券简称	天保基建	证券代码	000965
曾用简称	天水股份->S天水->S*ST天水->S*ST天保->*ST天保	关联上市	-
相关指数	-	行业类别	房地产-房地产开发-住宅开发
证券类别	深圳A股	上市日期	2000-04-06
成立日期	1998-09-30	股份公司设立日期	-
注册资本	11.0983亿元	社会信用代码	91120000700597012E
法人代表	侯海兴	总经理	侯海兴
公司董秘	何倩	证券事务代表	保丽敏
联系电话	86-22-84866617	传真	86-22-84866667
公司网址	www.tbjijian.com		
电子信箱	tbjijian@tbjijian.com		
注册地址	天津市空港经济区西五道35号汇津广场一号楼		
办公地址	天津空港经济区西五道35号汇津广场一号楼		
会计事务所	中审亚太会计师事务所(特殊普通合伙)		
经营范围	基础设施开发建设、经营；以自有资金对房地产进行投资、商品房销售；房地产中介服务；自有房屋租赁；物业管理；工程项目管理服务。		
主营业务	房地产开发、物业出租、物业管理等业务。		
公司简介	天津天保基建股份有限公司主要从事基础设施开发建设、经营,房地产开发及商品房销售、房地产中介服务,自有房屋租赁,物业管理,工程项目管理服务(以上范围内国家有专营专项规定的按规定办理)。		

图 6-101 天保基建基本面

"黑马摇篮"：分析基本面

再看天保基建公司基本面的其他情况（见图 6-102），截至 2021 年 12 月 31 日，人均持股金额为 7.19 万元，第一大股东天津天保控股有限公司持有流通盘的 51.45%。它的人均投资额约为 3 万元，是典型的散户盘。公司股权结构较为集中，有利于市场的操作。

从 2021 年年报的机构持股情况来看（见图 6-103），仅有 8 家机构持有其股票，其中非基金持仓比例长时间保持在 54% 上下。第一大股东天津天保控股有限公司占了 50% 以上的流通盘，显然这家公司几乎没有其他机构参与。

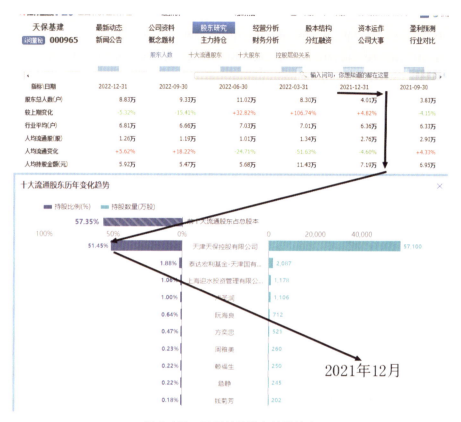

图 6-102　天保基建股东持股信息

　　从业绩方面看（见图6-104），2021 年 12 月天保基建的每股收益为 0.04 元，可见这是一只业绩一般、长期无机构关注的股票。此外，公司的净利润增长稳健，2021 年净利润同比增长 27.42%。综合来看，天保基建具备一定的投资价值。

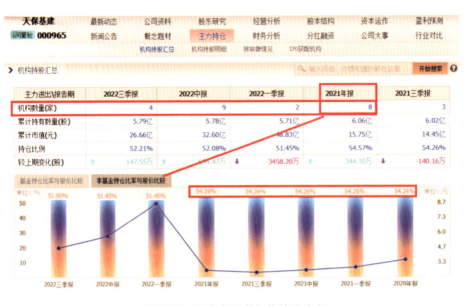

图 6-103　天保基建的机构持股信息

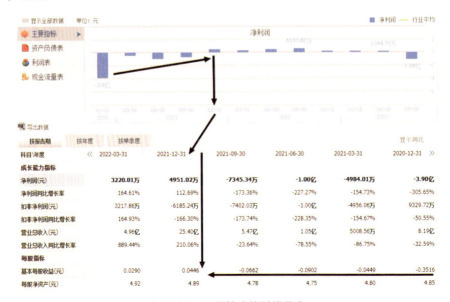

图 6-104　天保基建的财报信息

"二级火箭"：拉高建仓

3月17日，天保基建出现一字涨停板，但成交量并未放大。随后股价再次涨停，并出现成交量放大，形成"二级火箭"的拉升建仓。

图 6-105　天保基建"二级火箭"式拉高建仓

"龙头初现"：房地产板块风口

在3月15日，房地产板块只有宋都股份一家股票涨停，尚未形成风口。如图 6-106 所示，在3月16日和3月17日，房地产板块出现多只股票连续涨停，形成核心风口，初现龙头效应。

通过观察3月17日连续涨停的股票同期对比图（见图 6-107），我们可以看到，突破前期压力位的只有天保基建和宋都股份。然而，由于宋都股份的主营业务与房地产关联度较低，因此天保基建更有可能成为房地产板块的龙头股。

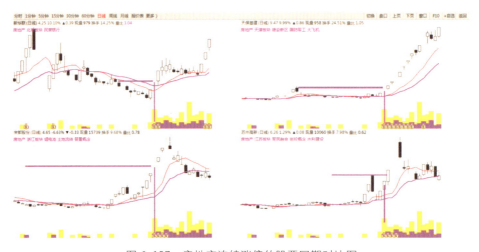

区间分析--涨跌幅度 房地产 区间: 2022-03-16,三 至 2022-03-17,四 前复权 点右键操作

	代码	名称	涨跌幅度↓	前收盘	最高	最低	收盘	振荡幅度	最
1	300917	特发服务	R 4.54 27.75%	16.36	20.90	16.28	20.90	4.62 28.38%	
2	000965	天保基建	R 0.63 21.50%	2.93	3.56	2.90	3.56	0.66 22.76%	
3	600736	苏州高新	R 1.03 21.41%	4.81	5.84	4.79	5.84	1.05 21.92%	
4	000620	*ST新联	0.52 20.88%						
5	001914	招商积余	2.26 17.97%						
6	600159	大龙地产	0.46 17.49%						
7	002016	世荣兆业	R 0.77 16.56%						
8	600684	珠江股份	0.55 15.58%						

区间分析--涨跌幅度 房地产 区间: 2022-03-15,二 至 2022-03-15,

	代码	名称	涨跌幅度↓	前收盘	最高
1	600510	黑牡丹	R 0.37 2.64%	13.99	15.10
2	000048	京基智农	0.18 1.00%	17.99	18.97
3	000965	天保基建	-0.05 -1.68%	2.98	3.16
4	600208	新湖中宝	R -0.06 -2.15%	2.79	2.78

图 6-106 房地产板块涨跌幅排行

图 6-107 房地产连续涨停的股票同期对比图

我们关注龙头股的原因在于，龙头股往往具有更大的上涨空间。在房地产板块迎来政策利好的背景下，多只股票表现出强劲的涨势。通过分析股票的走势、基本面和市场表现，我们可以发现潜在的龙头股。在这个过程中，天保基建因其与房地产行业的紧密关联以及连续涨停的表现，更有可能成为房地产板块的龙头股。投资者可重点关注这类具有更大上涨空间的龙头股，以寻求更有潜力的投资机会。

装配式建筑龙头分析——海南瑞泽

一呼百应：引人关注的装配式建筑概念

2022年2月，住房和城乡建设部发布了《"十四五"建筑业发展规划》。提出，到2025年，装配式建筑占新建建筑的比例将达到30%以上。大力发展装配式建筑、积极推进高品质钢结构住宅建设、培育一批装配式建筑生产基地等举措将成为未来发展方向。

"群雄争霸"：装配式建筑板块的激烈角逐

受装配式建筑利好政策影响，3月30日至3月31日，该板块出现多只股票涨停（见图6-108）。其中，建艺集团、海南瑞泽、中国武夷等非创业板股票连续涨停，形成板块核心风口。

	代码	名称		涨跌幅度↓	前收盘	最高	最低	收盘	振荡幅度	最
1	300823	建科机械		6.75 27.62%	24.44	31.19	23.83	31.19	7.36 30.89%	
2	002789	建艺集团		2.28 21.01%	10.85	13.13	10.78	13.13	2.35 21.80%	
3	000797	中国武夷		0.67 20.94%	3.20	3.87	3.52	3.87	0.35 9.94%	
4	002596	海南瑞泽	R	0.72 20.93%	3.44	4.16	3.42	4.16	0.74 21.64%	
5	601155	新城控股	R	4.20 15.02%	27.97	33.29	28.00	32.17	5.29 18.89%	
6	002205	国统股份		1.30 14.22%	9.14	10.44	8.99	10.44	1.45 16.13%	
7	002761	浙江建投	R	3.89 12.40%	31.37	35.46	30.86	35.26	4.60 14.91%	
8	300621	维业股份		1.19 11.44%	10.40	12.49	10.36	11.59	2.13 20.56%	
9	000753	漳州发展		0.39 11.34%	3.44	3.93	3.45	3.83	0.48 13.91%	
10	002116	中国海诚		0.94 10.85%	8.66	9.95	8.64	9.60	1.31 15.16%	

区间分析-涨跌幅度 装配式建筑 区间: 2022-03-30,三 至 2022-03-31,四 前复权 点右键操作

图6-108 装配式建筑板块涨跌幅排行

"见龙在田"：识别装配式建筑板块的领军企业

建艺集团于3月31日连续涨停（图6-109中"1"的位置），但股价仍在前期"2"的放量高点之下，且"3"的位置冲高回落显示上方抛压较大。

图 6-109　建艺集团日线图

中国武夷在图 6-110 中 "1" 的位置已经突破前期高点。然而，3 月 31 日的 "2" 位置连续涨停，成交量如 "3" 所示，换手率仅为 0.62%。此种无量一字板涨停的股票并不构成市场龙头，但能为其他股票打开上升空间。

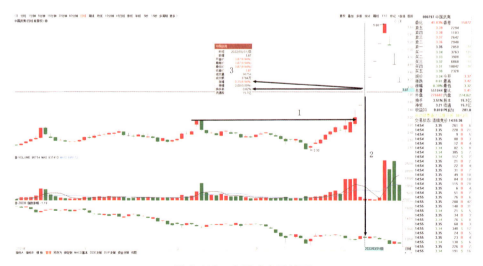

图 6-110　中国武夷日线图

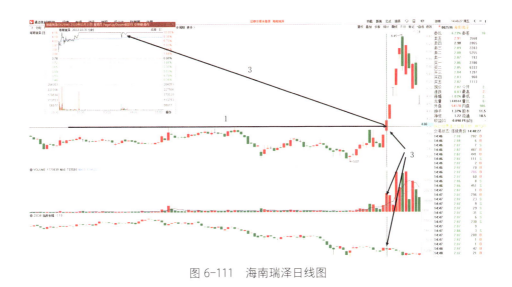

图 6-111　海南瑞泽日线图

与此同时，海南瑞泽在 3 月 31 日放量突破前期压力位，分时图（见图 6-111）显示已消化前期套牢盘。

从海南瑞泽的概念题材（F10）资料来看（见图 6-112），公司装配式建筑生产线已完成安装，并于 2022 年 1 月 20 日进行试生产调试，预计上半年投产。

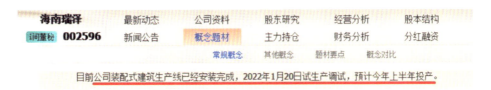

图 6-112　海南瑞泽的概念题材

“黑马摇篮”：深度分析——业务布局与市场地位

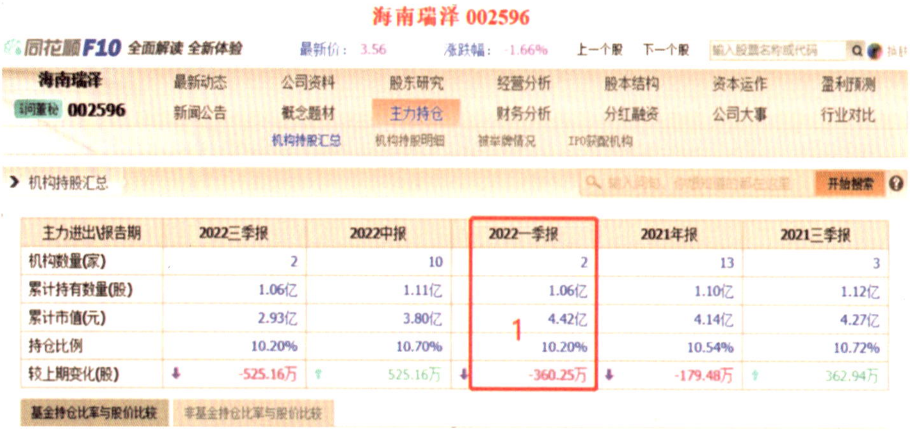

主力进出\报告期	2022三季报	2022中报	2022一季报	2021年报	2021三季报
机构数量(家)	2	10	2	13	3
累计持有数量(股)	1.06亿	1.11亿	1.06亿	1.10亿	1.12亿
累计市值(元)	2.93亿	3.80亿	4.42亿	4.14亿	4.27亿
持仓比例	10.20%	10.70%	10.20%	10.54%	10.72%
较上期变化(股)	↓ -525.16万	↑ 525.16万	↓ -360.25万	↓ -179.48万	↑ 362.94万

图 6-113　海南瑞泽机构持仓概况

从海南瑞泽公司 2022 年一季度的机构持仓来看（见图 6-113），与之前相比减少了 360 万股，仅剩两家机构。

从图 6-114 看，海南瑞泽公司财务状况表现平平，多年来在亏损和微利之间徘徊。2021 年的年报显示每股亏损 0.99 元，2022 年的 3 月季报显示盈利仅 3 厘。

从图 6-115 看，海南瑞泽总市值为 38.9 亿元，属于小盘股；人均持股市值为 6.6 万元，典型散户盘。

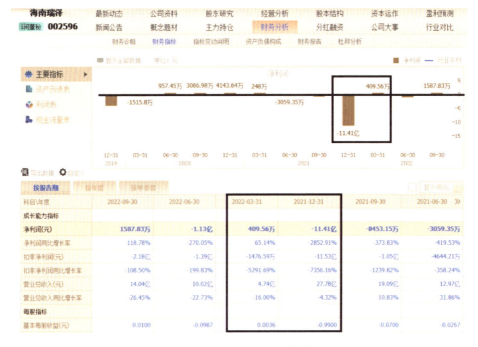

图 6-114　海南瑞泽公司财务状况

| 股东户数统计截止日 | 区间涨跌幅(%) | 股东户数 | | | 增减比例(%) | 户均持股市值(万) | 户均持股数量(万) | 总市值(亿) | 总股本(亿) | 股本变动 | 股本变动原因 | 股东户数公告日期 |
		本次	上次	增减								
2022/03/31	22.71	63639.0	58473.0	5166.0	8.83	7.50	1.80	47.74	11.48	0.00	-	2022/04/29
2022/03/18	0.89	58473.0	58705.0	-232.0	-0.40	6.65	1.96	38.90	11.48	0.00	-	2022/03/19

图 6-115　海南瑞泽公司的股东统计

上涨动力：海南瑞泽的"二级火箭"走势

图 6-116　海南瑞泽的"二级火箭"式拉高建仓

海南瑞泽在突破前期套牢盘（见图 6-116 中"1"的位置）时，采用了发射火箭式的连续拉高建仓。

"龙头初现"

区间分析-涨跌幅度 装配式建筑 区间: 2022-03-30,三 至 2022-03-31,四 前复权 点右键操作

	代码	名称	涨跌幅度↓	前收盘	最高	最低	收盘	振荡幅度	最大上涨%
1	300823	建科机械	6.75 27.62%	24.44	31.19	23.83	31.19	7.36 30.89%	30.89
2	002789	建艺集团	2.28 21.01%	10.85	13.13	10.78	13.13	2.35 21.80%	21.80
3	000797	中国武夷	0.67 20.94%	3.20	3.87	3.52	3.87	0.35 9.94%	9.94
4	002596	海南瑞泽	0.72 20.93%	3.44	4.16	3.42	4.16	0.74 21.64%	21.64
5	601155	新城控股 R	4.20 15.02%	27.97	33.29	28.00	32.17	5.29 18.89%	18.89
6	002205	国统股份	1.30 14.22%	9.14	10.44	8.99	10.44	1.45 16.13%	16.13
7	002761	浙江建投 R	3.89 12.40%	31.37	35.46	30.86	35.26	4.60 14.91%	14.91
8	300621	维业股份	1.19 11.44%						
9	000753	漳州发展	0.39 11.34%						
10	002116	中国海诚	0.94 10.85%						
11	000002	万 科 A R	1.67 10.56%						
12	000786	北新建材	2.67 10.14%						
13	300374	中铁装配	1.19 9.88%						
14	600629	华建集团	0.60 9.80%						
15	601789	宁波建工	0.56						

区间分析-涨跌幅度 装配式建筑 区间: 2022-03-29,二 至 2022-03-30,三

	代码	名称	涨跌幅度↓	前收盘	最高
1	000797	中国武夷	0.45 14.66%	3.07	3.52
2	000790	华神科技 R	0.57 10.46%	5.45	6.60
3	601155	新城控股 R	2.57 9.13%	28.14	30.77
4	002116	中国海诚	0.74 8.39%	8.82	9.56
5	000002	万 科 A R	1.21 7.51%	16.11	17.39
6	002789	建艺集团	0.76 6.80%	11.18	11.94

图 6-117　装配式建筑板块涨跌排行

如图 6-117 右下角所示，从 3 月 29 日至 3 月 30 日，该股板块中两天涨幅最大为 14.61%，说明没有连续涨停的股票出现。然而，从 3 月 30 日至 3 月 31 日，该板块中多只股票连续涨停，板块核心风口形成，龙头初现。

龙头效应的价值

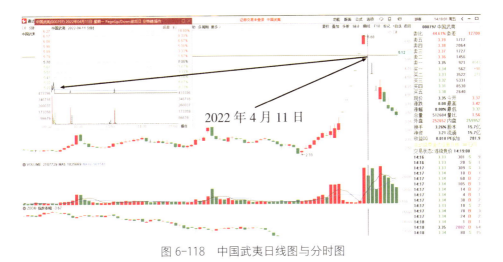

2022 年 4 月 11 日

图 6-118　中国武夷日线图与分时图

图 6-118 中，尽管中国武夷连续一字板上涨，但并不构成龙头。该股结束上涨的时间为 4 月 11 日，当日直接跳空跌停。对于之前无法买入连续一字板的投资者，如果在涨停板打开时买入，将面临跌停板，无法获利出逃。

与此同时，虽然海南瑞泽在 4 月 11 日也出现下跌，但第二天再度涨停，给投资者提供了一个出货的机会，可见关注板块龙头并做对龙头的重要性。

图 6-119　海南瑞泽日线图

本章小结

"六维共振"法是一种从六个角度对个股进行综合评估的方法，包括引发想象力的热点题材、市场板块效应验证、热点持续赚钱效应、个股中量价配合分析主力建仓状态、压力位突破方式和个股在板块中的龙头效应。这些并非每一点都必须满足，而是一种多角度分析框架。更具体地说，它是一种分析方法。在市场环境的变化中，具体要素可以进行调整，但最终需遵循市场的选择。

通过"六维共振"法的应用，投资者可以根据自己的风险承受能力和投资目标，对各个因素进行权衡，从而更全面地评估潜在的投资机会，在市场中做出更明智的决策。

总之，"六维共振"法是一种有助于投资者在复杂多变的市场环境中洞察机会并降低风险的分析工具。通过运用这一方法，投资者可以更深入地了解个股的潜在价值和所处行业的市场风口，为自己的投资决策提供有力支持。

第七章

交易心法与炒股的境界

　　我在 1997 年进入股市，从事投资者教育也有近二十年了。我教过很多学生，但能够真正做好的却寥寥无几。我发现很多学生能够把我所讲授的内容背得滚瓜烂熟，然而在实践中却做得一塌糊涂。探究其原因，我认为这主要是因为知道和做到之间至少相差两轮牛熊市的距离。只有经历过几次牛熊市的洗礼，才能真正理解股市的波动性和风险，从而知道什么该做什么不该做。在股市中，最难的是面对波动不定的市场不为所动，坚守自己的原则和纪律，做自己力所能及的事情。

　　那么如何才能坚守自己的原则和纪律并做到知行合一呢？首先需要学习。学习是一个加深对市场认知的过程，通过学习可以了解不同的市场环境下应该做什么。其次是实践。实践是一个自我认知的过程，通过实践可以了解自己的能力、适合做什么。在市场，对自己不同的认知导致的是不同的操作风格。

　　股市中有很多方法都能赚钱，无论是短线还是长线都有其优点和适用环境。就环境而言，我认为任何一个模型都有它的适用环境。大盘的环境我称之为"春夏秋冬"。在大盘上升趋势中逢低吸纳，就如同在春天挖个坑种上种子，浇点水，它能长出苗。同样的事，在冬天干，不浇水还好点，浇水后往往收获的只能是冰疙瘩。

很多人不看大盘环境，抛开大盘做个股。我认为这是一个能力的问题，也是一个概率的问题。在大盘不好的时候，绝大多数个股都会下跌，这是概率问题，而能不能抓住上涨的股票就是能力问题。就像在冬天，温棚里面也能种出庄稼，但这个是能力问题。绝大多数人没有这个能力，只能做大概率投资。

乌龟赛跑这个故事大家都听过，如果乌龟觉得自己能跑过兔子并去练跑步就是乌龟的悲哀了。我认为股市中也是这样，要发挥自己的强项。

我始终认为什么样的人做什么样的股票，人股合一做起来才轻松。不管是长线还是短线，首先是你要会，然后你就要根据自己的情况来决定是长线还是短线。

最近经常有人问我做什么股票，我是做短线的。而我做短线注重的是势，强势的势。我最关注的是开盘之后的 10 分钟。换一句话说，头一天我自己都不知道我明天要做什么股票。市场的强势在哪，这不是我决定的，这是市场决定的。你可能会说如果开盘买了收盘跌了怎么办？这个我认。不可能既要快速获利又不想承担下跌的风险吧？

我说的意思是短线的机会就在瞬间，错过了就没有了。另外，万一买了下跌了，我能够去承受，我认为这是必须要付出的成本，但是很多人未必能够理解。尤其是现在的新股民，很多没有自己的系统、方法和理念。

我的买卖很频繁，别问我后面怎么样，我买的股票也有被套的时候。我只管买完了能不能短线快速上涨，明天下跌是明天的事，大不了我止损出来。这就是我的短线策略。

第八章

打造属于自己的交易系统

有人会猜我新买的是什么，这种猜想是徒劳的。首先，行规就不允许透露自己操作的股票。其次，我做的是短线，今天买的，明天就可能卖出。

另外，我买的股票也有被套的时候，例如上海九百，当时我是从 12.8 元买入撤单，挂 12.9 元再撤，最后 13.18 元成交的。

一剑封喉、天天涨停是股市投资者的梦想。然而，并非人人都能成为武林高手，就像武侠故事看多了，往往会让人产生一种错觉，认为自己也能成为武林高手。然而，我们只看到高手风光的一面，却没注意到他们背后的凶险。对于许多人来说，还是先成为一个合格的战士更为重要。

因此，最需要解决的问题并不是依赖推荐的股票，而是建立属于自己的交易系统。

一、什么是交易系统

交易系统是一套完整的交易计划，包括四个基本部分：买进、卖出、止损和仓位控制。一个好的交易系统必须具有明确的事先制定的交易计划，明确所处环境中的进攻点和防守点。

交易系统与方法招数不同，招数通常只关注买入点，而交易系统则是每个方面都明确。

交易系统与预测系统的关系：预测系统主要解决分析问题，而交易系统则解决具体操作问题。交易系统需要处理预测系统判断错误（即未达到预测目标时）的情况，以确保在预测出现错误时能够全身而退。

学习交易系统的意义在于寻找适合自己的交易系统，从而明确买卖时机，实现简单轻松炒股的目的。适合自己的交易系统应与个人的性格和能够承受的风险相匹配，同时也需适合个人的交易环境。

二、建立交易系统的基本原则

建立交易系统的基本原则包括以下几点：

顺势交易：在明确趋势的基础上，顺着趋势进行交易。

及时止损：在交易中经常会出现亏损，但每次亏损都要在合理的范围内及时止损，以避免损失扩大。任何一次交易都要确保不要承担过分的亏损。

盈利扩大：在盈利的情况下，应当适当扩大获利空间，以实现利润最大化。获利空间必须大于止损空间的 3 倍以上。

三、建立交易系统的基本步骤

建立交易系统的基本步骤包括以下几点：

1. 理顺自己的主导思路。首先需要明确自己的基本原则，这通常是不能轻易违背的。

2. 确定自己的交易风格。选择适合自己的交易风格，这需要根据个人的性格和能力综合考虑。需要考虑自己适合做什么、能做什么，并根据不同的品种、不同的周期、不同的时期来确定可承受的涨跌级别，不可教条。

3. 确定自己的交易系统。根据所掌握的知识和交易风格，以投资思路为指导，制定适合自己的交易系统。

4. 根据市场环境的不同实施相应的交易系统。中长期的价格走势设计要符合中长期的要点，短线同样。

5. 附加其他的条件提高交易系统的成功概率。可以借鉴成交量、筹码分布、指标背离等作为对趋势的验证和分析。

四、需要解决的思想问题

在交易过程中需要解决以下思想问题：

1. 风险意识。无论是长线还是短线交易，都需要具备风险意识，防范风险，防止意外的发生。

2. 自我控制。控制风险首先要自我控制，自我控制要建立在正确的交易思想的基础上。一是成功率，二是获利率。控制自己的欲望，等待能够把握的机会。炒股必须懂得放弃，精于自己能够把握的股票类型，股市里的钱就足够赚了。

3. 不追求完美。许多交易者总想寻找最好的分析方法、选股技巧、买卖和持股时机等。然而行情千变万化，同时由于交易系统自身的缺点，很难完美把握每次行情。如果自认为交易系统不理想，可以减少投资规模，不必急于在一轮行情中做到尽善尽美，随着知识和能力的增加可以不断完善并提高成功概率。

五、每日复盘的内容

每日复盘是交易者对过去交易的总结和未来交易的规划，主要涉及以下几个方面：

1. 反思自我。在每日复盘中，交易者需要深度反思自己的交易行为和思想，包括是否符合市场真实情况、是否存在主观偏见、是否受到内心干扰等因素。通过反思，交易者可以修正自己的错误，提高交易的客观性和准确性。

2. 梳理市场主线。每日复盘需要密切关注市场动态，理清市场的主线逻辑和未来趋势。这包括对市场大势、板块轮动的情况、龙头股的表现以及市场情绪的变化等方面的理解。通过梳理市场主线，交易者可以更好地把握市场的节奏和未来方向。

3. 制定次日策略。每日复盘需要根据当前市场情况和未来预期制定次日的交易策略，这包括明确次日的操作目标、买入和卖出的条件、仓位控制和风险控制等方面。同时，交易者需要结合涨停复盘表等工具，制定合理的操作计划。

4. 耐心等待机会。每日复盘后需要耐心等待明确的交易机会，而不是随意出手。这需要交易者对市场走势有清晰的认识，并能够理性地看待市场的波动。只有在明确风口来临的时候，才及时出手进行交易。

5. 严格遵守纪律。在每日复盘过程中，交易者需要严格遵守自己的交易计划和纪律，避免随意性和情绪干扰。这包括及时止损、按计划加仓减仓、不追高杀跌等方面。只有严格遵守纪律，才能在市场中稳健盈利。

后记：

股市的人性挑战与学习之道

在股市中想获得成功不仅需要学习，更需要在面对人性弱点的挑战中成长。为了克服这些弱点，我们需要经历多轮牛熊市的历练和股市的惨痛教训。这样，我们才能学会尊重市场，明白遵循原则和纪律远比偶尔的侥幸赚钱更为重要。

学习是一个不断修炼自我、传承知识的过程。能够将20年的股市感悟教给你们，对我而言是莫大的荣幸。学习是最实惠的投资，也是成功的捷径。如果你热爱这个行业，请将知识传播出去。

我有些学生已经跟随我超过10年，其中有很多人取得了比我更优异的成绩。他们为何仍然尊称我为杨老师，因为我传授的不仅仅是股市知识，更是帮助他们克服人性弱点的方法。我希望成为你在股市中的导师，同时也是你生活中的朋友。

如果你暂时不想投身股市，我希望能让你了解我的股市思想和理念，并将这些分享给更多的朋友。如果你决定加入这个行业，我期待与你一起打造一支拥有共同理念和行为准则的团队。

只铁短线套装

微信扫码
了解详情

◎《新短线英雄》
做短线，时间成本少，获利快，可以在短时间内实现较大回报。但很少有人能在短线投资模式下保持长期稳定盈利，大都被动成为"中长线"投资。只铁先生在本书展示了专业投资高手是怎样进行实战短线操作，并保持长时间快速赚钱。

◎《铁血短线：只铁战法致命的狙击战术》
在本书中，只铁先生从短线的交易原则、交易系统、实战操作方法与技巧、技术骗线、操作失误的处理方法等几个方面系统地讲述了短线的专业化操作，从而实现持续的快速赚钱。

◎《铁血战记：职业操盘手的试炼教程》
在本书中，只铁先生通过日复一日的操盘记录，带你直击操盘细节，通过复盘训练带你迅速提高盘口判断技能，用专业化、科学化的投资技巧叱咤股市。

◎《战无不胜：不胜不战》
本书汇集只铁先生的投资哲学、投资策略、投资技巧和方法于一体，是专门为那些希望把自己培养成为专业投资高手的人而写的。本书不是点石成金的秘诀，也不奢求所有人都能读懂，但愿对有缘的朋友有所启发，这是作者的初心。

短线交易大师经典名著套装

微信扫码
了解详情

◎《短线交易大师：工具和策略》该书内容凝练，覆盖了心理、自律和面对盈利机会时所需的技术分析技巧，将知识和洞见结合，展示了如何应用经验、机智和妥善规划来突袭市场，是长胜交易员常备的百科指南。

◎《短线交易大师：工具和策略II》该书教你如何辨识价格运行，讲解价格为什么要那样运行，让交易变得更为简单。从理论到实际操作，从设定介入点、止损位和交易管理，再到如何解读他人的错误，并把它转化为你的利润。无论是交易新手和老手，都可以在其中发现宝贵的信息，了解如何精准地辨识趋势、K线形态、支撑和阻力位，等等。

◎《短线交易大师：精准买卖点》该书展示了短线大师甄选买卖时机的艺术，介绍各种各样的日内操作技巧，从均线、随机指标、开盘缺口、压力支撑，到下单技巧、套利交易、季节因素、市场心理，等等。该书的目的在于讲述各种操作技巧的应用，帮助投资人获利，并不探讨各种技术指标的细枝末节，也不罗列毫无复制可能的特殊案例。

◎《短线交易大师：超短线交易秘诀》要在短线投资中持续盈利，就要确定日内交易时隔,实施明晰的交易模型,并开发客观可操作的步骤。该书精髓包括：移动平均线通道波段交易，何时启动与建仓；利用指数平滑异同移动平均指标建仓和启动；指数平滑异同移动平均指标形态和信号，启动和建仓；动量指标日内交易方程；利用跳空进行日内交易的方法；利用媒体进行日内交易的策略。

◎《交易大师盈利计划》该书作者华丁运用罕见的交易和教学天赋，帮助读者更深入地了解自己，对交易计划的制定过程了然于心，从而建立系统化、结构化的交易思维和交易蓝图，掌握交易策略与技巧，以最小的压力自信地进行交易，严格的风险控制确保始终从市场稳定获利，为交易生涯的成功奠定坚实的基础。